George Steiner

EIN LANGER SAMSTAG

Ein Gespräch mit Laure Adler

Aus dem Französischen von
Nicolaus Bornhorn

Kampa

Dieses Buch entstammt einer Reihe von Gesprächen, die zwischen 2002 und 2014 auf Initiative von *France Culture* hin entstanden; sie wurden im Anschluss von den Autoren umgeschrieben und umstrukturiert.

Die Originalausgabe erschien 2014 unter dem Titel *Un long samedi* im Verlag Flammarion, Paris.

Anmerkungen im Fußnotenapparat von Nicolaus Bornhorn.

www.kampaverlag.ch
Satz: pagina, Tübingen
Gesetzt aus der Stempel Garamond LT
Druck und Bindung: Friedrich Pustet, Regensburg
ISBN 978 3 311 14007 8

INHALT

VORWORT
VON LAURE ADLER

Das erste Mal habe ich George Steiner vor etwa zehn Jahren bei einem Meeting gesehen. In jener Zeit, kurz vor den Wahlen zum Europäischen Parlament, war es noch vorstellbar, mitteleuropäische Intellektuelle einzuladen und ihnen zuzuhören … Der Saal war voll besetzt, und man bot dem Publikum gegen Ende des Tages Gelegenheit, Fragen zu stellen. Steiners Vortrag über die Zunahme populistischer Strömungen war eindringlich gewesen, sowohl auf historischer als auch auf philosophischer Ebene. Einer der Anwesenden stellte eine spitzfindige Frage, wohl eher, um die eigenen Kenntnisse herauszustellen als an einer Antwort interessiert. Steiner schonte ihn nicht. Ich dachte, dass dieser bedeutende Intellektuelle, dessen Werk mir zum Teil bekannt war, kein einfacher Mensch sein dürfte.

Und damit lag ich durchaus richtig. Ich sah ihn zwei Jahre später wieder, während eines Kolloquiums über die Figur der Antigone an der École normale supérieure, zu dem aus der gesamten Welt die wichtigsten Spezialisten angereist waren, um ihre Sichtweisen auszutauschen. Im Gegensatz zu den anderen mischte Steiner sich vor Beginn der Tagung nicht unter die Teilnehmer. Er wahrte Abstand, war angespannt, in Gedanken versunken. Er glich einem Romantiker aus dem neunzehnten Jahrhundert, der im Begriff ist, sich im eiskalten Morgengrauen zu duellieren, wohl wissend, dass er sein Leben aufs Spiel setzt.

So ähnlich war es dann auch. Wenn Steiner spricht, bezieht er Stellung. Sein Denken ist stets auf Abenteuer aus, entfaltet sich im Augenblick, da es sich artikuliert, und obgleich seine Bildung enzyklopädisch ist, in mehreren Sprachen und auf unterschiedlichen Gebieten, geht Steiner auf die Jagd. Er wildert, dringt ein ins Dickicht. Er verabscheut die gebahnten Wege, nimmt Irrwege in Kauf, auch wenn diese ihn zur Umkehr zwingen. Er will sich selbst zum Staunen bringen.

Diese Übung ist nicht einfach für jemanden, der nie der Ansicht war, die Sedimentierung der Kenntnisse sei ein Mittel, artikulierte Rede vorzutäuschen, welcher wiederum eine Theorie zugrunde liege.

Um denken zu können, muss man auf Sprache zurückgreifen. Steiner aber hat seit Jahrzehnten deren Fallstricke, Tricks, Schwierigkeiten und doppelte Böden untersucht. Als Bewunderer Heideggers, dessen Lektüre fester Bestandteil seines Tagesablaufs ist, arbeitet sein Geist stets im Bewusstsein der eigenen Endlichkeit und im verzweifelten Versuch, die poetische Rede mit dem Ursprung der Sprache in Übereinstimmung zu bringen.

Man könnte sich lange auslassen über die Komplexität von Steiners Denkübungen. Doch ist das nicht das Wesentliche, es amüsierte ihn eher. Bei ihm hat man nie das Gefühl, dass man an ein Ziel kommen muss, dass die Erhellung eines Problems Trost brächte. Im Gegenteil. Die Suche selbst bildet das Salz des Lebens. Und je gefährlicher die Übung, desto größer sein Jubel.

Er liegt ständig auf der Lauer. Gewitzt und sarkastisch, schont er weder sich selbst noch seine Zeitgenossen, ist mal ernst, dann wieder ausgelassen hellsichtig bis zur Verzweiflung, beseelt von einem aktiven Pessimismus.

Er ist ein Sohn Kafkas, dessen Werk er auswendig kennt, doch Freud ist ihm zuwider, und der Psychoanalyse gegenüber legt er eine, gelinde gesagt, merkwürdige Geringschätzung an den Tag. Auf ein Paradox mehr oder weniger kommt es ihm nicht an. Er bewundert die exakten Wissenschaften, verbringt jedoch, gleich einem Hobbybastler, beträchtliche Zeit damit, die vorsprachlichen Zonen aufzusuchen, die unsere Beziehung zur Welt regeln.

Interviews kann er nicht ausstehen. Das wusste ich. In einem Augenblick, da meine Stellung mir vorübergehend untersagte, meinen Beruf als Journalistin auszuüben, schlug ich ihm vor, mit einem Interviewpartner seiner Wahl längere Gespräche für France Culture zu führen. Er antwortete: »Kommen Sie. Besuchen Sie mich.« Ich bat den Intendanten von Radio France um die Erlaubnis, ausgerüstet mit einem Tonbandgerät nach Cambridge aufbrechen zu dürfen, etwa so wie eine Internatsschülerin um Ausgang bäte, weil eine Großtante für einige Stunden zu Besuch ist.

Seine Frau Zara öffnete die Tür. Sie hatte in einer Schreibpause zwischen zwei Seiten einen Cheesecake gebacken (sie gehört, was die europäische Geschichte des aufkommenden Totalitarismus betrifft, zu den bedeutendsten zeitgenössischen Historikerinnen). Draußen, in dem kleinen Garten, wuchsen Stockrosen, und Vögel zwitscherten ununterbrochen auf den Zweigen des blühenden Kirschbaums. George führte mich zum Ende des Gartens und öffnete die Tür seines Büros, eine Art achteckiger Hütte, die so konstruiert ist, dass sie eine maximale Anzahl von Büchern fassen kann.

Er unterbrach die Mozartplatte, die er gerade hörte. Das Gespräch konnte beginnen.

Ich ahnte nicht, dass ich noch so oft wiederkommen würde und dass sich für ihn im Lauf der Zeit – wie im Geheimen – die Lehre dessen vorbereitete, was er als langen Samstag bezeichnet.

In diesem Herbst werde ich mit dem fertigen Buch zurückkehren. Ich hoffe, dass George dann den neuen Text, an dem er zurzeit arbeitet, beendet hat. So böte sich die Gelegenheit, unsere Unterredung fortzusetzen.

Laure Adler
Juli 2014

EINE BEWEGTE ERZIEHUNG
VOM EXIL ZUM INSTITUT

Ihr Freund Alexis Philonenko spricht in den *Cahiers de l'Herne* von etwas ganz Bestimmtem: Ihrem Arm, dieser Missbildung, dieser physischen (Tat-)Sache. Er sagt, Sie hätten in Ihrem Leben vielleicht darunter gelitten. Und doch sprechen Sie nie davon.

Für mich ist es naturgemäß sehr schwierig, das objektiv zu beurteilen. Das Genie meiner Maman – einer großen Wiener Dame – ist in meinem Leben entscheidend gewesen. Sie war natürlich mehrsprachig, sprach Französisch, Ungarisch, Italienisch, Englisch; sie war wahnsinnig stolz, aber auf gänzlich private Art und Weise; und sie hatte ein wunderbares Selbstvertrauen.

Ich muss drei oder vier Jahre alt gewesen sein – genau kann ich das nicht mehr sagen, aber diese Episode hat mein Leben entscheidend beeinflusst. Meine ersten Jahre waren sehr schwierig, da mein Arm mehr oder weniger an den Leib gefesselt war; die Behandlungen waren sehr unangenehm, ich war ständig in Sanatorien. Maman aber sagte zu mir: »Du hast unglaubliches Glück! Du brauchst keinen Militärdienst zu leisten.« Dieser Satz hat mein Leben verändert. »Welch ein Glück du hast!« Dieser Gedanke war ein wunderbarer Fund ihrerseits, und es stimmte. Ich habe mein Studium zwei oder drei Jahre vor meinen Altersgenossen, die ihren Militärdienst ableisten mussten, beginnen können.

Denken Sie nur: dass sie darauf gekommen war! Mir ist

die aktuelle Therapiekultur zuwider, die verschleiernde Wörter für Behinderte gebraucht, die uns weismachen will: »Man wird dies als sozialen Vorteil behandeln …« Aber dem ist nicht so: Es ist hart, sehr ernst, aber es kann sehr wohl zum Vorteil gereichen. Ich bin in einer Zeit erzogen worden, in der man Aspirin und Nougatbonbons ablehnte. Es gab Schuhe mit Reisverschluss – genial einfach. »Nein«, sagte Maman. »Du wirst lernen, Schnürsenkel zu binden.« Ich versichere Ihnen, es ist schwierig. Wer zwei gute Hände hat, denkt keinen Augenblick daran, aber das Schnüren von Schuhen ist eine unerhörte Kunst. Ich schrie, ich weinte; aber nach sechs oder sieben Monaten konnte ich meine Schnürsenkel binden. Und Maman sagte: »Du kannst mit der linken Hand schreiben.« Ich weigerte mich. Da hielt sie meine Rechte hinterm Rücken fest: »Du wirst lernen, mit der behinderten Hand zu schreiben.« – »Ja.« Und sie hat es mich gelehrt. Schließlich konnte ich Bilder und Zeichnungen mit meiner »schlechten« Hand anfertigen. Das kam einer metaphysischen Anstrengung gleich, einer Metaphysik des Willens, der Disziplin, und vor allem des Glücks, darin ein großes Privileg zu erkennen; und so ist es mein Leben lang geblieben.

»Dieser Satz hat mein Leben verändert. ›Welch ein Glück du hast!‹«

Das hat mir auch erlaubt, glaube ich, bestimmte Zustände, bestimmte Ängste von Kranken zu verstehen, die für apollinische Menschen, die einen prachtvollen Körper und eine wunderbare Gesundheit haben, nur schwer fassbar sind.

Welche Bezüge bestehen zwischen körperlichen oder geistigen Leiden und gewissen intellektuellen Anstrengungen? Das verstehen wir zweifellos nur unvollständig. Vergessen wir nie, dass Beethoven taub war, Nietzsche unter schrecklicher Migräne litt und Sokrates ausgesprochen hässlich war! Im anderen das zu erkennen, was er überwinden konnte, ist hochinteressant. Angesichts einer Person frage ich mich stets: Was hat er oder sie durchlebt? Welchen Sieg hat er oder sie errungen – welche tiefgreifende Niederlage erlitten?

In *Errata* erzählen Sie, dass Ihr Vater, der aus Wien kam, das Heraufkommen des Nationalsozialismus sehr früh erkannt hat, und die Familie deshalb nach Paris gezogen ist. Sie wurden in Paris geboren und sind sehr früh zusammen mit Ihrer Mutter Zeuge einer Demonstration geworden, auf der die Menschen »Tod den Juden!« riefen.

Ja, das wurde bekannt als Stavisky-Skandal. Eine obskure Angelegenheit, an die man sich aber erinnert, weil die französische extreme Rechte sich oft auf sie bezieht. Auf der Straße marschierte ein gewisser Colonel de la Roque vorbei. Heute erscheint er als eine auf komische Weise finstere Figur, aber in jener Epoche nahm man ihn sehr ernst. Ich stand daneben, vorm Lycée Janson de Sailly, lief mit meinem Kindermädchen die Rue de la Pompe hoch, weil eine kleine Meute rechtsextremer Demonstranten unter Führung jenes Colonel de la Roque vorrückte. »Tod den Juden!« Ein Slogan, der sich bald zu »Lieber Hitler als die Front populaire« wandeln sollte. All dies in einem Viertel (Rue de la Pompe, Avenue Paul-Doumer), in dem die jüdische Bourgeoisie stark vertreten war. Nicht dass Maman Angst gehabt hätte, aber aus Respekt für ein wenig veraltete Konventionen sagte sie zu mir und dem Kindermädchen:

»Schließt die Vorhänge.« In dem Augenblick betrat mein Vater das Zimmer und entgegnete: »Öffnet die Vorhänge.« Er nimmt mich bei der Hand. An der Wohnung war ein kleiner Balkon. Ich erinnere mich noch genau an jede Einzelheit dieser Szene: »Tod den Juden! Tod den Juden!« Mit ruhiger Stimme sagt er zu mir: »Das nennt sich Geschichte, und du darfst dich niemals fürchten.« Für ein Kind von sechs Jahren sind solche Worte entscheidend. Seitdem weiß ich, dass dies Geschichte heißt, und wenn ich Angst habe, schäme ich mich und versuche, keine Furcht zu empfinden.

Ich hatte sehr früh das außerordentliche Privileg zu wissen, wer Hitler war, was mir eine bewegte Erziehung bescherte. Seit meiner Geburt im Jahr 1929 sah mein Vater mit absoluter Klarheit voraus – ich bin im Besitz seiner Tagebücher –, was sich ereignen würde. Nichts hat ihn überrascht.

»Wenn ich Angst habe, schäme ich mich und versuche, keine Furcht zu empfinden.«

Ihr Vater, der also vorausahnte, was sich in einem vom Nationalsozialismus entflammten Europa ereignen würde, fasste dann den Entschluss, mit seiner Familie in die Vereinigten Staaten zu emigrieren. Unter welchen Umständen?

In Frankreich hatte Paul Reynaud im letzten Moment entschieden, dass das Land unbedingt Jagdflieger, die *Grumman*, benötige. Mein Vater wurde zusammen mit anderen Finanzexperten nach New York geschickt, um über den

Kauf von Jagdflugzeugen zu verhandeln. Als er in New York eintrifft, kommt es zu einem phantastischen Zwischenfall. Heute denkt niemand mehr daran, dass New York damals eine völlig neutrale Stadt war, voller Nazis auf Mission, die das Hakenkreuz am Kragen trugen; auch Bankiers waren darunter, betraut mit Kaufaufträgen oder Verhandlungen. Im *Wall Street Club* bemerkt der Direktor von Siemens, der ein enger Freund meines Vaters gewesen war, seine Anwesenheit und lässt ihm eine kurze Notiz überbringen. Mein Vater zerreißt den Zettel vor aller Augen, wendet sich seinem Freund auch nicht zu. Er wollte ihn weder hören noch sehen. Doch sein Freund passt ihn in der Toilette ab, fasst ihn an den Schultern und sagt: »Du wirst mir zuhören. Wir schreiben das Jahr 1940; wie ein Messer, das heiße Butter zerteilt, werden wir Frankreich durchqueren. Bring um Himmels willen deine Familie da raus!« Diese Szene spielt sich vor der fatalen Wannseekonferenz ab, aber die großen Bankiers und Firmenchefs wussten von polnischen Zeugen und Wehrmachtsangehörigen in Polen, was sich dort abspielte; sie wussten, dass man alle Juden umbringen würde. Nicht wie, nicht mit welchen Methoden, aber sie wussten, dass man vorhatte, alle Juden niederzumetzeln.

Das war 1940, kurz vor der deutschen Invasion. Glücklicherweise nimmt mein Vater diese Warnung sehr ernst, Gott sei's gedankt, und bittet Paul Reynaud, den Besuch seiner Familie, meiner Mutter, meiner Schwester und mir, in den Vereinigten Staaten zu erlauben. Reynaud gewährt ihm den Besuch. Doch meine Mutter weigert sich: »Kommt nicht infrage! Wenn wir Frankreich verlassen, werden die Kinder ihre Abiturprüfungen verpassen. Und mein Sohn wird nicht in die Académie française aufgenommen!« Zum Glück waren wir eine jüdische Familie, in der das Wort des Vaters von entscheidendem Gewicht war. So haben wir im Moment der deutschen Invasion Paris verlassen und konnten mit dem letzten amerikanischen Passagierdampfer nach Genua flüchten. Wäre ich sonst heute am Leben? Man sagt, die Deutschen hätten nichts gewusst, aber sicher ist, dass einige schon seit Ende 1939 auf dem Laufenden waren, seit der Besatzung Polens, wo die großen Massaker bereits begonnen hatten. Natürlich durfte man nicht darüber sprechen. Aber als Direktor von Siemens wusste man Bescheid, weil man im Generalstab der Wehrmacht darüber sprach, sich erzählte, was in Polen geschah. So haben wir unser Leben retten können.

Vielleicht haben Sie deshalb dieses Schuldgefühl, das Sie in mehreren Ihrer Bücher formulieren: dieses Gefühl, überflüssig zu sein?

Ja, dieses Gefühl ist sehr stark. Aus meiner Klasse in Janson de Sailly haben zwei Juden überlebt. Dabei war es eine Klasse voller Juden, weil Janson-de-Sailly so etwas wie die jüdische Akademie für die Jüngeren war. Alle anderen sind umgebracht worden. Daran denke ich jeden Tag. Der Zufall, das Monte Carlo des Überlebens, die unerforschbare Lotterie des Lebens. Warum sind die anderen Kinder und ihre Eltern tot? Ich glaube, niemand hat das Recht, den Versuch zu unternehmen, das zu verstehen. Man kann es nicht verstehen. Letztlich kann man nur sagen: »Es handelt sich um Zufall … um außergewöhnlich mysteriöse Zufälle.« Ist man religiös – ich bin es nicht –, sieht man darin das Schicksal walten. Ansonsten muss man den Mut aufbringen zu sagen: »Es war ein reines Lottospiel, und ich habe einen Treffer gezogen.«

Jetzt befinden Sie sich also in den Vereinigten Staaten, sind im Lycée eingeschrieben – und es beginnen nicht sehr glückliche Jahre für Sie.

Noch gibt es das Buch nicht, welches das New York jener Jahre beschriebe. Es wäre aber ein fesselndes Sujet. Das Lycée war natürlich fest in der Hand Vichys. In meine Klasse gingen die beiden – übrigens sehr liebenswürdigen – Söhne des Admirals, der im Auftrag Pétains die Flotte in Martinique befehligte. Offiziell stand das Lycée auf Seiten Pétains, andererseits nahm es Flüchtlinge und Widerstandskämpfer aller Art auf. In der Klasse über mir gab es zwei junge, gerade erst siebzehnjährige Freunde, die ihr Alter verschwiegen, um in Frankreich kämpfen zu dürfen, und beide verloren im Vercors ihr Leben. Sie waren nur zwei Jahre älter als ich. Im Lycée schlug man sich in den Pausen, da gab es echten Hass. Das Vichy-Regime jener Jahre war sehr selbstbewusst, nicht nur Juden waren ihm verhasst, sondern auch die Linke und all jene, welche Anwandlungen von Widerstand zeigten. Doch als sich der Wind drehte, trugen der Leiter des Lycées, die Lehrer, das Aufsichtspersonal plötzlich das Lothringer Kreuz, Symbol des Freien Frankreichs. Dies war für mich ein einschneidendes Erlebnis: von einem Tag zum andern! Der General de Gaulle besucht das Lycée, und jene Halunken werfen sich ihm natürlich zu Füßen, heucheln Begeisterung für die Libération. Das war mir eine eindringliche Lehre.

»Der Zufall, das Monte Carlo des Überlebens, die unerforschbare Lotterie des Lebens.«

Davon abgesehen habe ich eine vorzügliche Bildung genossen. Warum? Weil bedeutende Intellektuelle, die in New

York im Exil lebten, Gören wie uns unterrichteten, um etwas Geld zu verdienen. So waren etwa Étienne Gilson und Jacques Maritain meine Philosophielehrer, bevor sie ihre Stellen in Princeton und Harvard antraten. Ich hatte Unterricht bei Lévi-Strauss oder Gurewitsch. Diese Geistesriesen verschwendeten ihre Zeit mit Jugendlichen wie uns, die sie auf Examen und Reifeprüfung vorbereiteten. Das war eine phantastische Zeit. Mein bester Freund war der junge Perrin – dessen Vater zusammen mit Joliot-Curie den Nobelpreis für die Entdeckung der Radioaktivität erhalten hatte und der seine Hoffnungen in den Kommunismus setzte. Joliot-Curie, Perrin, Hadamard: Diese gesamte Gruppe hoffte, dass die Libération ein marxistisches Frankreich möglich machen würde. Diese Jahre im Lycée waren sehr wichtig und haben mich, trotz allem, geformt; mir ist heute bewusst, dass sie entscheidend waren, ich habe ihnen viel zu verdanken.

Dass Sie dieser Zeit sehr viel verdanken, hat Sie aber nicht daran gehindert, die Vereinigten Staaten Richtung Großbritannien zu verlassen.

Da war zuerst Paris, wo ich 1945 eintraf. Sie können sich nicht vorstellen, wie das war, Paris im Jahr 1945. Ich wollte mich am Louis-le Grand oder Henri-IV in der Khâgne oder Hypokhâgne[1] einschreiben (ich war eingebildet genug, um zu glauben, dass ich die Aufnahmeprüfung zur École normale supérieure bestehen würde), aber mein Vater sagte: »Das kommt nicht infrage! Die Zukunft gehört der angloamerikanischen Sprache. Sollte es dir eines Tages gelingen, ein Buch auf Englisch zu schreiben, das etwas taugt, wird

1 *khâgne:* Klasse im Lycée, die auf die École normale supérieure vorbereitet. *hypokhâgne:* die Klasse vor der Khâgne.

man es ins Französische übersetzen.« Ich erinnere mich noch sehr gut an diese außergewöhnliche Prophezeiung. Ich habe mich meinem Vater gefügt und die ersten Studienjahre in den Vereinigten Staaten verbracht, an zwei bedeutenden Universitäten: Chicago und Harvard. Ich denke noch über das Schicksal der französischen Sprache in meinem Leben nach; in vielerlei Hinsicht war das eine Schlüsselfrage. Welchen Verlauf hätte mein Leben genommen, wenn ich die Aufnahmeprüfung zur École normale angegangen hätte? Ich bedaure noch jetzt, es nicht versucht zu haben.

Sie haben sich im Anschluss für ein Leben in London entschieden und, paradoxerweise, für eine Tätigkeit bei einer Zeitschrift, dem *Economist*. Man kennt Sie als Philosophen, Schriftsteller, Semiotiker, Intellektuellen – aber nur wenige wissen, dass Sie Ihr Leben als Wirtschaftsexperte begonnen haben – als Berichterstatter, Journalist und Wirtschaftsexperte.

Der *Economist* war die meistbeachtete Wochenzeitschrift der Welt. Das Wichtigste dabei: Man arbeitete anonym, die Artikel wurden nicht signiert. Die Aufnahme kam durch eine Art Prüfung zustande. Ich hatte keine Ahnung von politischer Ökonomie, interessierte mich aber leidenschaftlich für gute Prosa und internationale Beziehungen. Man bat mich – ich war jung, lächerlich jung –, Leitartikel über die europäisch-amerikanischen Beziehungen zu verfassen. So verbrachte ich vier wundervolle Jahre, doch dann spielte das Schicksal mir übel mit, eine Wendung, die sich letztlich als äußerst interessant herausstellte. Der *Economist* schickt mich als Korrespondent über den Atlantik, um über die Debatte zur amerikanischen Atomstreitmacht zu berichten: Würden die Vereinigten Staaten ihre nuklearen Kenntnisse mit Europa teilen? Unter Eisenhower entschieden sie sich dagegen. Dieser Ausgang lag nicht auf der Hand; noch erhoffte man sich eine echte Zusammenarbeit. In diesem Kontext mache ich Station in Princeton, einem wunderbaren, unwirklichen Städtchen, um Robert Oppenheimer zu interviewen, den Vater der Atombombe. Er verabscheute (auf fast pathologische Weise) Journalisten, aber zu mir sagte er: »Ich gebe Ihnen zehn Minuten.« Er war ein Mann, vor dem man fast körperlich Angst verspürte; das lässt sich nur schwer beschreiben. Eines Tages hörte ich, wie er vor meinem Büro zu einem jungen Physiker sagte: »Sie sind noch so jung und haben schon so wenig erreicht!« Nach solch einem Satz kann man nur noch zum Strick greifen! Oppenheimer hatte unser Treffen auf die Mittagsstunde gelegt. Er kam nicht. Also ging ich essen, zusammen mit George Kennan, dem diplomatischsten aller Diplomaten, Erwin Panofsky, dem bedeutendsten Kunsthistoriker jener Zeit, und Harold Cherniss, dem großen Hellenisten und Platonspezialisten. Während wir auf das Taxi warteten, das mich eine halbe Stunde später abholen sollte, bat Cherniss mich in sein Büro; im Verlauf unserer Diskussion betrat Oppenheimer den Raum und nahm hinter uns Platz. Das ist die Falle par excellence: Wenn Ihre Zuhörer Sie nicht sehen können, paralysiert sie das und macht Sie selbst zum Gebieter vor Ort. Oppenheimer war spezialisiert auf diese Art theatralischer Inszenierung. Cherniss zeigte mir eine Passage bei Platon, die er als Herausgeber betreute und die eine Leerstelle enthielt; er mühte sich, sie zu füllen. Als Oppenheimer mich fragte, wie ich mit dieser Passage verfahren würde, suchte ich stotternd nach einer Antwort. Und er fügte hinzu: »Ein bedeutender Text sollte Leerstellen haben.« Da sagte ich mir: »Junge, du hast nichts zu verlieren, dein Taxi kommt in fünfzehn Minuten.« Und ich widersprach ihm: »Das ist ein schwülstiges Klischee. Zuerst einmal ist es ein Zitat Mallarmés. Zudem gehört es zu der Art von Paradox, mit dem man unbegrenzt spielen kann. Aber wenn man Sie bittet, eine Platonausgabe für den Normalsterblichen herauszugeben, sollten die Leerstellen besser gefüllt sein.« Oppenheimers Erwiderung war vortrefflich: »Nein, in der Philosophie ist es gerade das Implizite, das zur Beweisführung anregt.« All das amüsierte ihn, dem nie jemand zu widersprechen wagte, königlich, und es entspann sich eine echte Diskussion über das Thema. Mitten in unserem Gespräch kam Oppenheimers Sekretärin herein und verkündete: »Das Taxi von Herrn Steiner fährt gleich wieder ab.« Ich wollte für meine Reportage weiter nach Washington. An der Tür des Instituts fragte mich dieser unglaubliche Mensch, in einem Ton, als spräche er zu einem Hund: »Sind Sie verheiratet?«

»Ja.«

»Haben Sie Kinder?«

»Nein.«

»Umso besser. Das erleichtert die Unterbringung.«

»›Sie sind noch so jung und haben schon so wenig erreicht!‹«

Auf diese Art hat er mir, als erstem jungen Altsprachler, zum Eintritt ins *Institute for Advanced Studies* in Princeton verholfen. Unsere Begegnung hatte ihn ungemein amüsiert … Ich schickte dem *Economist* ein Telegramm, und sie antworteten: »Machen Sie keine Dummheit. Sie fühlen sich wohl bei uns, und wir geben Ihnen einen Tag pro Woche für Ihre Recherchen. Schreiben Sie Ihre Bücher über Tolstoi, Dostojewski, die Tragödie. Aber bleiben Sie bei uns.« Und wieder frage ich mich, wie schon bei der École normale, ob ich nicht hätte weitermachen sollen. Ich hätte gewiss die Nummer 2 werden können. Das hatten sie beim *Economist* so vorgesehen; Chefredakteur wäre ich jedoch nicht geworden. Ich fühlte mich so wohl bei ihnen. Ich wurde sehr gut bezahlt, aber allein schon die Idee, in das Institut Einsteins aufgenommen zu werden, erfüllte mich mit – unangebrachtem – Stolz. Also verließ ich den *Economist*, und wir haben uns in Princeton niedergelassen.

Was ist Ihnen aus diesen Momenten mit Oppenheimer in Erinnerung geblieben? Waren sie entscheidend für den weiteren Verlauf Ihres geistigen Lebens?

Zutiefst. Zum einen weil ich mein Leben unter bedeutenden Wissenschaftlern begonnen hatte und dies auch fortführen wollte. Ich glaube, wir befinden uns in einem Jahrhundert epochaler Wissenschaft, auch unter ästhetischen und philosophischen Gesichtspunkten. Ich war, wenn Sie so wollen, umgeben von den Prinzen dieser Welt, ihrem Milieu vollkommener Stille, dem Ideal uneingeschränkter Forschung … Am ersten Abend im Institut gaben die Neuankömmlinge den Alteingesessenen die Hand: ein kleines Ritual. Ein hochgewachsener, schlanker Herr kam auf mich zu: »Ich bin André Weil. Monsieur, ich glaube nicht, dass wir Gelegenheit haben werden, miteinander zu sprechen.« All das auf Französisch. »Aber wenigstens eines möchte ich Ihnen mit auf den Weg geben. Ist man intelligent, beschäftigt man sich mit der Theorie reiner Zahlen. Ist man einigermaßen intelligent – wie ich –, widmet man sich der topologischen Algebra. Der Rest, Monsieur, ist Abfall.« Dies werde ich nie vergessen. Es war der Bruder von Simone Weil.

Und Mitbegründer der Bourbaki-Gruppe.

In jenem Augenblick glaubte man fast, die Stimme Simone Weils zu vernehmen. Und wir haben in der Tat nie wieder miteinander gesprochen. Aber es gab auch Augenblicke bemerkenswerter Großzügigkeit. So hatte ich an meinem ersten Tag im Institut nicht die Courage, den Speisesaal zu betreten. Was tun angesichts eines Raums, in dem jede anwesende Person zu den Geistesriesen gehört? Niels Bohr bemerkt meine Befangenheit, steht auf: »Kommen Sie mit mir.« Er hatte die Schultern und Hände eines Giganten und war überaus warmherzig ... Mir fehlt immer noch die Courage zu sprechen, da holt er eine Fotografie aus seiner Tasche: »Meine zwölf Enkel, ich kenne sie alle mit Namen.« So hat Niels Bohr mir über meine Verlegenheit hinweggeholfen. Daraus entwickelte sich dann eine echte Freundschaft. Andere waren natürlich sehr schwierig. Die großen Wissenschaftler sind bisweilen auch große Einzelgänger. Zwei Tätigkeiten jedoch verbanden sie: die Musik (es gab wundervolle Kammermusikabende) und das Schachspiel (die Sprache jener, die ansonsten stumm sind). Worüber soll man auch mit einem von Neumann, einem André Weil sprechen? Selbst wenn man in der Mathematik über ein Stammeln hinauskommt, ist Schweigen doch vorzuziehen ... Aber durch das Schachspiel, durch die Musik entstand viel Kontakt, viel Wärme. Seit jener Zeit habe ich den Eindruck – der sich später in Cambridge vertiefen sollte –, dass wir in den Geisteswissenschaften ein Jahrhundert des Bluffs in erschreckendem Ausmaße erleben. Weder in der Mathematik noch in den Naturwissenschaften kann man bluffen: Es stimmt, oder es stimmt nicht. Man kann nicht mogeln. Wer versucht, bei einem Experiment, einem Resultat, einem Lehrsatz zu mogeln, ist aus dem Spiel. Von einem Tag auf den anderen wird er aus der Gemeinschaft seiner

Kollegen ausgeschlossen. Hier gilt eine extrem rigide Moral; jene, die der Wahrheit verpflichtet ist. Es ist eine Welt, die ich immer geliebt habe und die weiterhin besteht. In Cambridge, wo ich lebe, hat seit Roger Bacon im dreizehnten Jahrhundert bis hin zu Crick, Watson und Hawking jede Generation (Newton, Darwin, Thomson, Kelvin ...) eine Explosion auf wissenschaftlichem Gebiet erlebt. Wenn ich mich nicht täusche, befinden sich zurzeit in unserem kleinen Dorf unter den lehrenden Kollegen – ohne die Honorarprofessoren mitzuzählen – zehn Nobelpreisträger.

»Was tun angesichts eines Raums, in dem jede anwesende Person zu den Geistesriesen gehört?«

Man hat den Eindruck, dass Sie in dieser Gemeinschaft, durch die Erfahrung, Ihr Leben mit bedeutenden Wissenschaftlern zu teilen, eine Präzision und Strenge der Analyse gewonnen haben, die Sie dann in dem von Ihnen bearbeiteten Feld angewandt haben: jenem weiten Feld der »humanities«, der Geisteswissenschaften. Sie waren der Erste in der europäischen Geschichte, der Begriffe von quasimathematischer Strenge in der Literatur, der Mythologie, der Literaturgeschichte eingeführt hat.

Mögen Sie recht haben! Ich verabscheue den Bluff, die Täuschung in den Geisteswissenschaften. Zuerst einmal haben wir es mit einem philosophischen Problem zu tun. Für ein kritisches Urteil über Musik, Kunst, Literatur lassen sich keine Beweise erbringen. Wenn ich behaupte, Mozart könne keine Melodie schreiben (es gibt Menschen, die dies beteuern), können Sie mich als armseligen Tor bezeichnen, aber widerlegen können Sie mich nicht. Wenn Tolstoi sagt: »*King Lear* ist ein hingepfuschtes Melodram, von jemandem, der nichts von der Tragödie versteht« (ein genaues Zitat), kann man erwidern: »Herr Tolstoi, ich bedaure, aber Sie irren sich unsäglich.« Aber man kann ihn nicht widerlegen. Im Grunde ist es grauenvoll: Diese Urteile können nicht widerlegt werden. Man sagt, dass sich über kurz oder lang ein Konsens herausbildet, nun gut. Das beweist nichts: Auch ein Konsens kann trügen. Somit haftet einem ästhetischen Urteil immer etwas Flüchtiges, zutiefst Vergängliches an. Und wenn ich die in meinen Augen fünf oder sechs wichtigsten Namen der – sagen wir – aktuellen Literatur benennen sollte, wären vier von fünf von ihnen selbst dem »aufgeklärten« Publikum, den sehr kultivierten, eifrigen Lesern, gänzlich unbekannt.

Schließlich gilt natürlich – aus Gründen, über die wir nur wenig wissen –, dass die große künstlerische, literarische, ästhetische Erfahrung jenseits von Gut und Böse angesiedelt ist. Jetzt, da das Ende meines Lebens näher rückt, beschäftigen mich immer stärker die Fragen: »Warum kann die Musik nicht lügen?« – »Warum kann die Mathematik nicht lügen?« Sie können sich irren, gewiss. Doch das ist etwas anderes. Die Musik kann eine Figur präsentieren, die lügt, Jago bei Verdi zum Beispiel. Aber ich glaube nicht, dass die Musik an sich zu täuschen vermag. Das gibt ihr in meinen Augen ein beträchtliches Gewicht im Vergleich zur Rede.

Gerade in Frankreich – natürlich imitiert von anderen Ländern – ist das Drama der Dekonstruktion der Sprache am ausgeprägtesten, des sogenannten Poststrukturalismus, all dessen, was nach Dada kommt – wie viele Einleitungen gibt es nicht zu Duchamp, der meiner Ansicht nach der großen Krise der Künste vorsteht. In Frankreich, im Land Molières und Descartes', ist die Krise – oder war es zumindest noch vor wenigen Jahren – am heftigsten, hat die Zerstörung der Sprache, das Infragestellen der Möglichkeit von Wahrheit seinen neuralgischen Punkt erreicht. Das ist wirklich interessant. Die Sprache erlaubt alles. Es ist unglaublich, und doch denkt man nur selten darüber nach: Man kann alles sagen, nichts schnürt uns die Kehle zu, nichts verschlägt uns den Atem, wenn wir monströse Dinge sagen. Die Sprache ist unendlich unterwürfig, sie kennt – und darin besteht das Mysterium – kein ethisches Limit.

»Für ein kritisches Urteil über Musik, Kunst, Literatur lassen sich keine Beweise erbringen.«

Ja, aber die Sprache kann sich gleichzeitig der Wahrheit nähern. Vielleicht kann sie diese nicht aussprechen oder sich ihr anpassen, aber sie kann ihr nahe kommen.

Sie kann den Versuch unternehmen, ernsthaft zu überzeugen, aber sie muss die Meinung des Sprechers wiedergeben. Es muss eine Verbindung geben zwischen dem Satz und dem Leben, der Handlung. Frankreich zählt zum Beispiel Tausende und Abertausende von marxistischen Intellektuellen, die niemals den Fuß auf russische Erde gesetzt hätten. Niemals, und für nichts auf der Welt.

Oder es gibt jene, die dort gewesen sind und nichts sehen wollten, Sartre etwa.

Oder Unsinn über Stalin äußerten, in vollem Bewusstsein, dass sie Lügen wiederholten. Es gab (aus meinem Bekanntenkreis in Frankreich kenne ich einige Beispiele) und gibt leidenschaftliche, warmherzige, cholerische Zionisten, die niemals auch nur einen Fuß auf israelischen Boden setzen würden. Es muss aber zwischen Rede und Leben Verbindungen geben. Diese können sehr kompliziert sein, ich weiß; Aufrichtigkeit ist ungeheuer schwierig, sie erfordert unablässige Selbstkritik. Aber das Gegenteil von dem zu leben, was man sagt, ist mir immer als zu einfach erschienen.

EIN GAST AUF ERDEN SEIN
REFLEXIONEN ZUM JUDAISMUS

In Ihren Reflexionen zum Judentum, die in all Ihre Bücher eingegangen sind, entwickeln Sie die These, als Jude verweigere man jegliche Sesshaftigkeit. Und in *Sprache und Schweigen* sagen Sie: »Die Puppen auf dem Dachboden sind nicht für uns, und selbst die Hausgeister sehen so aus, als trügen sie geliehene Kleider.«

Ja, der Ansicht bin ich. Einige sagen, entwurzelt zu sein bedeute, in sich keinen Schwerpunkt zu haben, bedeute, keinen eigentlichen Zugang zu haben zur Erde und zu den Toten, bedeute – nicht wahr, Monsieur Barrès? –, die Familie seiner Ahnen nicht zu kennen und – gemäß einer verletzenden und sarkastischen Äußerung Hitlers – ein *Luftmensch* zu sein.

Ich selbst liebe den Wind ungemein. Ein *Luftmensch* zu sein stört mich nicht. Im Gegenteil, das erlaubt mir, Ozeane und Kontinente zu überqueren und ein wenig von dieser faszinierenden Welt zu entdecken, in der unser zu kurzes Leben sich abspielt. Trotzdem weiß ich sehr wohl, dass für die Mehrheit der menschlichen Wesen (und zwar vollig zu Recht) die Suche nach einem Flecken Erde, nach einem Zuhause einem tiefsitzenden Bedürfnis entspringt. Ich respektiere das, ich bin ja nicht dumm. Aber die Rückseite der Medaille sind Chauvinismus, rassistischer Hass, die Furcht vor dem anderen. Dass fünfzig Jahre nach Auschwitz ethnische Konflikte auf dem Balkan oder in Afrika grassieren und dass überall eine törichte Furcht vor dem

Nachbarn herrscht, wenn er einer anderen Rasse angehört (im Übrigen ein Wort, das nichts besagen will) oder einer anderen Ethnie, denn das könnte ja den Wert des eigenen Hauses senken … Das ist doch obszön, nicht wahr! Verständlich, aber obszön, beides zugleich. Der Mensch ist ein territorial veranlagtes Tier. Grausam, verängstigt. Aber, großer Gott, zumindest sollte man versuchen, sich davon zu befreien.

Ich habe zwei Enkelinnen, zwei schwarze Perlen, die zurzeit im Leben meiner Frau und dem meinigen das Allerwichtigste sind. Woher kommen sie? Aus einem Waisenhaus in Hyderabad, Indien. Meine Tochter Deborah, die jüngste Professorin für Altgriechisch an der Columbia-Universität, und mein Schwiegersohn, der in Princeton klassische Literatur, Latein und römische Geschichte lehrt – worauf ich wirklich stolz sein kann! –, haben diese beiden Mädchen adoptiert. Die eine ist sechs Jahre alt, die andere drei. Rebecca und Myriam. Insbesondere Myriam gleicht einem schwarzen Diamanten, schwarz wie Mitternacht, mit Mondaugen. Im Westen hat niemand solche Augen. Und ich bin verrückt nach ihnen, bin in sie vernarrt. Und ich sage mir, es ist besser, sie leben dort, in Amerika, wo Adoption auf Akzeptanz stößt … Zu wissen, dass ihre Hautfarbe auf den Straßen meines geliebten Cambridge Probleme mit sich bringen könnte, erfüllt mich mit großer Scham. Ja, das erfüllt mich mit tiefem Zorn. Man soll mir bitte nicht erzählen, es sei unmöglich, jemanden von Herzen zu lieben, der sich gänzlich von einem selbst unterscheidet. Mir verbleiben nicht mehr viele Jahre, ich stehe kurz vor meinem Ende, wenn ich sie also vor bestimmten Zusammenhängen schützen könnte … Aber ich kann es nicht. Ich bin ohnmächtig. Zumindest weiß ich, dass es einer Niedertracht der Seele gleichkommt zu beteuern: »Ich kann nur jene lieben, die sind wie ich.«

Die Stellung der Juden in der Welt ist absolut mysteriös. Die Griechen waren weiß Gott begabt! Die Römer haben die Welt gestaltet, das alte Ägypten hat dazu beigetragen, den Menschen zu formen. Sie alle sind verschwunden, alle.

»Man kann überall zu Hause sein. Geben Sie mir einen Schreibtisch, und ich habe ein Vaterland.«

Also stelle ich mir die Frage: Warum haben wir überlebt? Wir hätten ja das Christentum, den Messias, all das akzeptieren können; gewisse jüdische Propheten haben genau das vorausgesagt. Wir hätten uns schon vor langer Zeit assimilieren können. Warum überleben, die Schoah, den Holocaust überleben? Meine einzige Antwort darauf ist auf tragische Weise antizionistisch. Ich weiß, dass Israel ein unentbehrliches Wunder darstellt. Möglicherweise werden meine Kinder und Enkel dort eines Tages ihre einzige Zuflucht finden. Ich weiß all das. Und ich kann es nicht akzeptieren, weil ich glaube, dass der Jude eine Aufgabe hat: ein Pilger, ein Gast zu sein. Überall Gast zu sein, um dem Menschen, langsam und gemäß seiner Mittel, zum Verständnis zu verhelfen, dass wir alle Gast sind auf dieser Erde. Um unsere Mitbürger jene schwierige Kunst zu lehren, überall zu Hause zu sein und zu jeder Gemeinschaft, in die man eingeladen wird, etwas beizusteuern. Es kann furchtbar schwierig, beängstigend sein, kann materielle Härten bedeuten, wenn man eines Tages seine Koffer packen und wieder aufbrechen muss, aber meiner Ansicht nach gehört genau das zu den Aufgaben des Juden. Und wenn ich morgen neu anfangen müsste – obgleich das in meinem Alter wenig wahrscheinlich ist –, in Indonesien etwa, dann begänne ich damit, Indonesisch zu lernen. Was mir im Übrigen guttäte; ich bin ausgesprochen bequem geworden.

Ich müsste mich dann wohl erst mal mit einem kümmerlichen Job begnügen, aber ich bin arrogant genug zu glauben, dass der nächste schon besser wäre. Wie dem auch sei, ich hoffe, ich würde zum Herrgott sagen: »Diese Geschichte ist teuflisch interessant!« Was ich jedenfalls nicht machen würde, das kann ich Ihnen versprechen, ist hinauszuschreien: »Warum geschieht mir das? Warum mir? Warum bin ich ein Opfer?« Aber nein! »Diese Geschichte ist faszinierend, Herr Gott.«

Neue Kulturen zu entdecken ist faszinierend. *Humani nihil a me alienum*, wie der große lateinische Dichter gesagt hat: Nichts Menschliches ist mir fremd. Man kann überall zu Hause sein. Geben Sie mir einen Schreibtisch, und ich habe ein Vaterland. Ich glaube weder an Pässe – ein lächerliches Ding – noch an Fahnen. Ich glaube zutiefst an das Privileg der Begegnung mit dem Neuen.

Nehmen Sie als Beispiel folgende Anekdote: Ich betrete zum ersten Mal mein Büro an der Universität in Peking, die mich eingeladen hat, und im Büro herrscht ein widerlicher Gestank. Ich mache die Entdeckung, dass die Schreibmaschine neben dem Abfalleimer steht, dass ihr halbes Tastenfeld fehlt und der Tisch nur dreieinhalb Beine hat. Ich verbringe fünf Minuten in idiotischer Panik, denke: »Was ist denn das? Wie soll ich bloß hier …?« Da geht die Tür auf, und ein sehr höflicher Student wendet sich an mich: »Ich habe mich in Ihrem Seminar eingeschrieben. Könnten Sie mir die Liste der Texte geben, die ich lesen soll?« In diesem Augenblick war ich zu Hause, ganz und gar zu Hause. Jetzt hätte ich genauso gut in Harvard, an der Sorbonne, in Oxford, Princeton oder Berlin sein können, ich bin zu Hause, und dieser Student ist meine Familie. Gut so! Ich bin da, wo ich sein soll. Welch ein Beruf, der mich in jedem Herbst mit einer neuen Familie beglückt! Und inzwischen haben meine ehemaligen Schüler Lehrstühle auf allen fünf Kontinenten.

Der Baum hat Wurzeln; ich habe Beine. Und dies ist ein großartiger Fortschritt. Ich liebe die Bäume. Die in meinem Garten vergöttere ich. Aber wenn der Sturm kommt, brechen sie und stürzen; der Baum kann, ach, von Axt oder Blitz gefällt werden. Ich dagegen kann laufen. Die Beine sind eine Erfindung erster Güte, und ich möchte sie nicht opfern.

»Der Baum hat Wurzeln;
ich habe Beine.«

Geht die jüdische Frage, die Ihnen Ihr Leben lang keine Ruhe gelassen hat, weit über die Existenz Israels, die Verwurzelung des Volkes in einem Nationalstaat hinaus?

Diese Frage ist von grundlegender Bedeutung. Ich habe nur beißenden Spott übrig für die Salonzionisten, die den Zionismus wollen, ohne je einen Fuß nach Israel gesetzt zu haben. Das einzige Mal, dass ich das große Privileg hatte, Ben Gurion zu begegnen (es war nur eine sehr kurze Begegnung), sagte er zu mir: »Es gibt nur eins, das zählt: Schicken Sie mir Ihre Kinder.«

Was Sie nicht getan haben.

Nein, ich habe es nicht getan. Und im Grunde bin ich Antizionist. Ich will es Ihnen erläutern – auch auf die Gefahr hin, dass alles, was ich jetzt sage, falsch verstanden, falsch interpretiert werden wird. Mehrere Jahrtausende lang, in etwa seit der Zerstörung des Großen Tempels in Jerusalem, besaßen die Juden nicht die Macht, wen auch immer zu misshandeln, zu foltern, zu enteignen. Für mich stellt das die höchste Form des Adels dar. Wenn man mir einen englischen Herzog vorstellt, sage ich mir im Stillen: »Der höchste Adel besteht darin, einem Volk anzugehören, das kein anderes gedemütigt oder gefoltert hat.« Heute aber muss Israel *notwendigerweise* (wenn ich könnte, würde ich diesen Begriff zwanzigmal unterstreichen und wiederholen), notwendigerweise also, unausweichlich, unvermeidlich, töten und foltern, um zu überleben; Israel muss sich verhalten wie der Rest der sogenannten normalen Menschheit. Und da lege ich einen immensen ethischen Snobismus, eine absolute ethische Anmaßung an den Tag; als es zu einem Volk wie alle anderen wurde, hat Israel seinen Adelstitel verloren.

Israel ist nun eine Nation unter anderen Nationen, bewaffnet bis an die Zähne. Und wenn man von der Mauer herab auf die lange Schlange palästinensischer Arbeitnehmer schaut, die täglich in der glühenden Hitze versuchen, zu ihrem Arbeitsplatz zu gelangen, und wenn man zwangsläufig die Demütigung dieser in der Schlange wartenden Menschen sieht, sage ich mir: »Dieser Preis ist zu hoch.« Woraufhin Israel mir antwortet: »Schweigen Sie, Idiot! Dann kommen Sie doch hierher! Leben Sie mit uns! Teilen Sie die Gefahr mit uns! Wir sind das einzige Land, das Ihre Kinder willkommen heißt, wenn sie fliehen müssen. Mit welchem Recht erzählen Sie uns also diese hübschen moralischen Geschichten?« Und darauf habe ich keine Antwort. Um antworten zu können, müsste ich dort sein, müsste ich meine absurde Rede an den Straßenecken halten, müsste ich die Risiken des israelischen Alltags durchleben. Das tue ich aber nicht, weshalb ich nur meine Auffassung einer gewissen jüdischen Mission erläutern kann: jene, Gast zu sein unter den Menschen. Ein noch schwerwiegenderes Paradox (das mir wirklich das Kainsmal auf die Stirn zeichnet) besteht wohl darin, dass es ein Satz Heideggers war, der mir diese Richtung vorgab: »Wir sind die Gäste des Lebens.« Heidegger fand diese Wendung außerordentlich; weder Sie noch ich haben uns unseren Geburtsort, die Umstände, die Epoche, der wir angehören, unser Handicap oder die gute Gesundheit aussuchen können … Wir sind *geworfen*, ins Leben geworfen. Und wer ins Leben geworfen wurde, ist meiner Ansicht nach dem Leben gegenüber verpflichtet, sich als Gast zu verhalten. Worin besteht die Pflicht des Gastes? Er muss unter den Menschen leben, wo auch immer er sich befindet. Und ein guter Gast, ein verdienstvoller Gast, hinterlässt seine Herberge ein wenig sauberer, schöner, interessanter, als er sie vorgefunden hat. Und muss er aufbrechen, packt er seine Koffer und geht.

»Wir sind geworfen, ins Leben geworfen. Und wer ins Leben geworfen wurde, ist meiner Ansicht nach dem Leben gegenüber verpflichtet, sich als Gast zu verhalten.«

Ich habe noch keinen Teil der Welt gesehen, der nicht faszinierend wäre, der es nicht wert wäre, dass man seine

Sprache lernte, seine Kultur kennenlernte, versuchte, dort etwas Reizvolles zu unternehmen. Die Welt ist von unendlichem Reichtum. Wenn die Menschen nicht lernen, sich als Gäste und Gastgeber zu begegnen, werden sie sich zerstören, wird es zu schrecklichen ethnischen Konflikten und zu Religionskriegen kommen. Das hat Malraux mit brillanter Klarheit vorausgesehen.

Ich glaube, dass in der Diaspora die Aufgabe des Juden darin besteht, Gast anderer Männer und Frauen zu sein. Israel ist nicht die einzig mögliche Lösung. Wenn geschähe, was man buchstäblich nicht denken kann, wenn das Unvorstellbare einträte, dass Israel unterginge, würde das Judentum überleben; es ist viel größer als Israel.

In *Sprache und Schweigen* (1969) haben Sie geschrieben: »Israel, ein Wunder voll Bitternis.« Würden Sie das heute noch sagen?

Vielleicht ist es gefährlich (und das meine ich ernst), diese Aussage zu verbreiten, aber ich wiederhole sie: Der Judaismus übersteigt Israel bei Weitem. Die fünfhundert Jahre in Spanien gehören zu den bedeutendsten Perioden der jüdischen Kultur. Die fünfhundert Jahre in Thessaloniki waren erfüllt von immensem geistigen und intellektuellen Glanz. Das amerikanische Judentum beherrscht einen Großteil der globalen Wissenschaft und Wirtschaft. Hinzu kommt seine Bedeutung in den Medien, der Literatur etc. Nehmen wir an, dass Israel zugrunde ginge – diese Aussage ist es, die gefährlich sein könnte; es ist eine unter allen Gesichtspunkten erschreckende Annahme. Würde die Diaspora diesen Schock psychologisch überleben? Ich weiß es nicht. Der Horror eines solchen Gedankens übersteigt die Vorstellungskraft. Aber das Gehirn ist dazu da, um das Unvorstellbare zu denken. Das gehört zu meinen täglichen Aufgaben als

Professor und Denker; deshalb hat Gott mich in diese Welt gebracht. Ich habe nicht den geringsten Zweifel daran, dass der Judaismus überleben würde. Genauso wenig zweifele ich daran, dass das Mysterium dieser Geschichte, die ich als Geschichte der Gäste des Lebens bezeichne, weitergehen wird. Aber es ist abscheulich, so etwas denken zu müssen.

Wenn man sich wie Sie die Haltung des ewigen Juden zu eigen macht, bedeutet das nicht, die Existenz Israels infrage zu stellen?

Nein, ich stelle sie nicht infrage. Das war das notwendige Wunder, damit ein Teil des jüdischen Volkes überleben konnte; aber zu glauben, dass Israel die einzige Lösung sei, maße ich mir nicht an. Das Nomadentum empfinde ich als schönes Schicksal. Nomade zu sein unter den Menschen bedeutet, ihnen Besuch abzustatten.

»Das Nomadentum empfinde ich als schönes Schicksal. Nomade zu sein unter den Menschen bedeutet, ihnen Besuch abzustatten.«

Definieren Sie sich als Jude, als jüdischer Denker?

Nein. Als europäischer Jude, wenn Sie so wollen. Als Schüler: Schüler zu sein gefällt mir. Ich habe Lehrer.

Sie haben Meister, und ein besonders wichtiger Lehrer war für Sie Gershom Scholem. Er entschied sich dafür,

Europa zu verlassen und sich in Palästina niederzulassen, um dort eine Universität zu gründen.

Er ist dorthin aufgebrochen in einer Periode großer Gefahr. Er hat die Kriege dort mitgemacht, hat durchlebt, was in den ersten israelisch-arabischen Kriegen notwendigerweise in der Auslöschung Israels zu gipfeln schien. Aber Scholem hat das wiederum ganz anders erlebt. Er hat sehr darunter gelitten, dass er andere nicht hat davon überzeugen können, Europa zu verlassen. Das ist auch die Geschichte Walter Benjamins, dessen Bruder in einem Konzentrationslager ermordet wurde, wo Scholem doch alle aufgefordert hatte: »Kommt! Kommt!« Aber sie sind nicht gekommen. Er ist Kassandra. Kassandra zu sein ist entsetzlich.

Sie haben überall auf der Welt unterrichtet, Sie haben sehr viele Schüler gehabt, die selbst wieder zu Professoren wurden – ob in Peking, Los Angeles, Cambridge oder Genf ... Und Sie haben sich nie gefragt, ob Sie eines Tages in Israel leben und dort Staatsbürger werden würden?

Da ist zuerst einmal beträchtliche Trägheit im Spiel. Bis zu meiner Bar-Mizwa habe ich Hebräisch gelernt, mich dann aber auf Latein und Griechisch gestürzt. Hebräisch ließ ich fallen. Das ist unentschuldbar. Ich hätte es später wieder aufnehmen können ... Trägheit. Außerdem bin ich ein entschiedener Antinationalist. Ich respektiere Israel absolut, aber es ist nicht für mich gemacht. Es muss eine Diaspora als Gegengewicht geben. Und ich habe mich auch verweigert, weil ich auf fast parodistische Weise stolz darauf war, heimatlos zu sein, ja, stolz. Mein ganzes Leben bin ich stolz darauf gewesen, in mehreren Sprachen und so vielen

Kulturen wie möglich zu leben und den Chauvinismus, den Nationalismus zu verabscheuen – der seit langem schon in Israel manifest ist und sich heute noch verschlimmert.

Trotzdem sind Sie mehrmals nach Israel gereist, um dort Vorträge zu halten?

Fünfmal.

Aber nie war die Versuchung groß genug …

Doch, in Jerusalem, weil es von transzendenter Schönheit ist. Aber das ist kein guter Grund.

Dennoch stellen Sie die Existenz des Staates Israel nicht infrage?

Dafür ist es zu spät.

Gleichzeitig verurteilen Sie die Politik der israelischen Regierung gegenüber den Palästinensern.

Ja. Obgleich ich die Gründe dafür verstehe. Nochmals, zu sagen, dass Netanjahu sich irrt, fällt leicht in einem hübschen Salon in Cambridge. Dort drüben muss man sich äußern. Und solange man nicht dort ist, mit seinem gesamten Sein Geisel der Situation, sollte man lieber schweigen.

Übrigens bin ich mir jetzt, so nahe meinem Lebensende, dessen überhaupt nicht mehr gewiss. Es gibt Momente, in denen ich aufbrechen und dort sein möchte. Momente, in denen ich mich frage, ob ich nicht nach Israel hätte gehen sollen.

Das können Sie immer noch.

Nein, jetzt nicht mehr. Weder Gesundheit noch Alter erlauben es mir. Und sie brauchen mich nicht. Im Übrigen bin ich *persona non grata* dort.

Warum?

Bestimmter Äußerungen wegen, die sich durch mein ganzes Leben ziehen ... Etwa zu behaupten, dass jüdisches Überleben umfassender ist als jenes Israels, ist schlimmster Verrat, ist unstatthaft, und das kann ich verstehen. Was mich jedoch im Grunde fasziniert, ist das Geheimnis der herausragenden jüdischen Intelligenz. Man sollte nicht heucheln: In den Naturwissenschaften ist der Prozentsatz jüdischer Nobelpreisträger erdrückend. In manchen Bereichen gibt es fast ein jüdisches Monopol. Oder nehmen Sie die Erschaffung des modernen amerikanischen Romans durch Roth, Heller, Bellow und viele andere. Die Naturwissenschaften, die Mathematik, ebenso die Medien ... Die *Prawda* wurde von Juden herausgegeben.

Ist das die Frucht des enormen Drucks, den die Gefahr ausübt? Ist die Gefahr die Mutter der Erfindung und der Schöpfung? Oft drängt sich mir diese Vermutung auf. Der Judaismus ist die einzige Religion, die einzige auf diesem Planeten, die eigens ein Gebet besitzt für Familien, deren Kinder Gelehrte sind. Mich erfüllt das mit ungetrübter Freude und macht mich stolz. Ich habe jetzt (und ich glaube nicht an Wunder) einen Sohn, der Dekan eines sehr großen College in New York ist, eine Tochter, die die Altertumswissenschaften an der Columbia-Universität leitet, und einen Schwiegersohn, der römische Literatur in Princeton lehrt. Das war mein Traum. Haben wir vielleicht eine besondere Begabung für das Ideal des Geistigen, für das abstrakte Denken? Das Wissen, das Denken, die Künste zu lieben ist Schicksal. Alle Männer und Frauen teilen es, aber dieses kleine Volk, dem schon mehrmals in der Geschichte die Auslöschung drohte und das überlebte … Dieses kleine, so verabscheute, so gefürchtete, so verfolgte Volk ist immer noch da. Niemand hat eine Erklärung dafür. Antisemitische Witze enthalten oft einen Keim der Wahrheit. Hegel erzählt: »Gott kommt, und in der Rechten hält er die heiligen Texte der Offenbarung und des versprochenen Paradieses; in der Linken hält er eine Zeitung aus Berlin, die *Berliner Gazette*. Der Jude wählt die Zeitung.«

In diesem antisemitischen Witz steckt eine tiefe Wahrheit: Der Jude begeistert sich in außergewöhnlichem Maße für den *ductus*, den inneren Verlauf der Geschichte und der Zeit. Und wenn das zwanzigste Jahrhundert (mit der wunderbaren Ausnahme Darwins natürlich) das Jahrhundert von Karl Marx, Sigmund Freud und Einstein war, ist das vielleicht nicht ganz dem Zufall geschuldet.

»Haben wir vielleicht eine besondere Begabung für das Ideal des Geistigen, für das abstrakte Denken?«

Sie erwähnen mehrmals die Haltung jener Rabbiner, die in den Todeslagern weiterhin zu Gott gebetet haben: Glauben Sie, dass sie zu Gott beteten, weil sie dachten, das Lager sei das Vorzimmer Seines Hauses?

Das kann ich nicht beantworten. Ich kann nur über jene etwas sagen, die als »lebende Bücher« bezeichnet wurden. Sie wurden von den anderen Gefangenen, den anderen Opfern zu Rate gezogen, weil sie Tausende von Seiten auswendig kannten – die Thora, den Talmud mehr oder minder in ganzer Länge inbegriffen. Ein »lebendes Buch« zu sein, das man durchblättern kann, so als könne man die menschliche Seele durchblättern, ist nichts Geringes; im Gegenteil, es ist eine große Ehre.

Zu den amerikanischen Juden sind Sie eher streng. In einem Ihrer Bücher heißt es: »In Amerika wachen die Juden nachts auf und horchen auf die Rückkehr ihrer Kinder; aber nur, um sicher zu sein, dass der Wagen heil in die Garage gefahren worden ist, und nicht, weil plötzlich eine antisemitische Meute aufheulen könnte.«

Aber das ist doch keine Kritik. Das habe ich mit unendlicher Dankbarkeit gesagt. Meine Kinder, meine Enkel leben in den USA. Und ich wollte, dass sie dorthin gehen, weil zurzeit für die Juden in Amerika die Rolltreppe der Geschichte aufwärts fährt. Ein außerordentlicher Schub, der im Übrigen einhergeht mit einem großen Risiko: dem der Assimilation. Durch Mischehen, selbst durch die Toleranz, verschwinden nach und nach die Juden in den Vereinigten Staaten. Nicht die orthodoxen, die sich – aggressiv und abergläubisch, wie sie sind – nicht assimilieren, die ihr Überleben sichern. Aber der amerikanische Jude, der – wie ich – nicht gläubig ist, nicht praktiziert, läuft Gefahr, ganz langsam zu verschwinden.

Als ich in die Vereinigten Staaten kam, gab es in Harvard, Yale und Princeton immer noch den *numerus clausus.* Hätten Sie mir damals gesagt, dass wenige Jahre später die Präsidenten all dieser Universitäten Juden sein und dass Juden auch die Literatur-Lehrstühle innehaben würden – was früher ausgeschlossen war … Damals gab es diesen prachtvollen Snobismus, den Juden zu verstehen zu geben, dass sie *outsiders* seien. All das existiert jetzt nicht mehr. Das letzte

Mal, dass ich das Privileg hatte, einer Sitzung der ständigen Mitglieder des Instituts in Princeton beizuwohnen, ging es darum, einen bedeutenden Mathematiker, einen Logiker von Weltrang, zu ersetzen, und es fielen verschiedene Namen. Da klopfte Oppenheimer mit seiner Pfeife auf den Tisch – das tat er, wenn er einer Sache überdrüssig war, ungeduldig wurde – und sagte: »Meine Herren, bitte machen Sie aus politischem Taktgefühl heraus den Versuch, einen nichtjüdischen Namen vorzubringen.« Aber es gab niemanden von solch herausragendem Niveau. Heutzutage könnten es Japaner sein, morgen vielleicht Inderinnen (Frauen wohlgemerkt) oder Inder. In den letzten Jahren findet in allen Universitäten, in die ich komme, ein Wandel statt: Heute ist nicht mehr unbedingt der jüdische Student der Jahrgangsbeste; inzwischen ist es häufig der chinesische oder indische Student, der in den traditionellen Disziplinen wie reiner Logik, Mathematik oder theoretischer Physik vorn liegt.

Für Sie bedeutet das Judentum, dem Volk des BUCHES anzugehören und studieren zu wollen. Es ist keine Rasse, sondern ein Begehren zu lernen.

In der Tat, aus all diesen Geschichten über Rassen werde ich nicht klug; das ist doch ein schlechter Witz. Jude zu sein bedeutet, jener mehrtausendjährigen Tradition anzugehören, die das Leben des Geistes respektiert, die unendlichen Respekt hat für das BUCH, den Text, und es bedeutet, wie ich schon sagte, auf gepackten Koffern zu sitzen. Ohne sich zu beklagen, ohne hinauszuschreien, dass darin eine kosmische Ungerechtigkeit besteht. Nein, es ist auch ein großes Privileg. Vergessen Sie nicht (man vergisst es ständig): Im Altgriechischen bezeichnet das Wort für Gast, Geladener ebenfalls den Fremden, *xénos*. Und wenn Sie mich bäten, unsere tragische Lage zu definieren, würde ich antworten:

Der Begriff »Xenophobie« hat überlebt, alle Welt versteht ihn; der Begriff »Xenophilie« hingegen ist verschwunden. Derart ließe sich unsere kritische Lage definieren.

Ihre Lektüre der Wurzeln des Antisemitismus ist sehr originell und vielleicht überraschend, gar anmaßend aus der Sicht bestimmter Spezialisten. Sie führen aus, dass der Antisemitismus nicht aufkam, weil die Juden Jesus gekreuzigt haben, sondern weil die Juden Gott erschaffen haben und die Christen eifersüchtig darauf waren; eifersüchtig bis hin zum mörderischen Wahn.

Dreimal hat der Jude quälenden Druck ausgeübt auf den Menschen. Zuerst mit den Mosaischen Gesetzen. Der Monotheismus ist das Unnatürlichste der Welt. Wenn die Griechen sagen, dass es zehntausend Götter gibt, dann ist das logisch und natürlich, wunderbar erfreulich, das erfüllt die Welt mit Schönheit und Versöhnung. Der Jude aber antwortet: »Unvorstellbar! Man kann sich von Gott kein Bild, keine Vorstellung machen, es sei denn, diese ist ethischer, moralischer Natur.« Dieser Gott ist ein allmächtiger Gott; er rächt sich bis in die dritte Generation etc. Das Mosaische Gesetz, diese monotheistische Moral, ist schrecklich: die erste Erpressung.

Die zweite Nötigung: das Christentum. Hier tritt also Jesus auf, der Jude, der vorschreibt: »Ihr werdet den Armen alles geben, was ihr besitzt. Der Altruismus ist keine Tugend, er ist eine Pflicht für den Menschen. Ihr werdet demütig leben.« Das ist eine fundamental jüdische Botschaft: Die Bergpredigt besteht, wie Sie wissen, aus Zitaten Jesajas, Jeremias' und Amos'.

Das dritte Mal ist es Marx, der geltend macht: »Wenn ihr ein schönes Haus besitzt mit drei leeren Zimmern und es um euch herum Menschen gibt, die keine eigene Wohnung haben, gehört ihr zu den allergrößten Lumpen.« Der menschliche Egoismus, die Habgier, die Libido des Geldes, des Erfolgs lassen sich auf keinerlei Weise rechtfertigen. Was sagte Saint-Just? In Europa stellt das Glück eine neue Idee dar. Und Marx? Die Gerechtigkeit, eine neue Idee in Europa. Wir haben diese furchtbare Ungleichheit satt. Auf den Trottoirs unserer Städte – sei es Paris, sei es London – vervielfachen sich die Bettler.

Dreimal hat der Jude vom Menschen verlangt: »Werde Mensch. Werde menschlich.« Das ist unerträglich. Zusätzlich hat uns Herr Freud noch die Träume genommen. Selbst träumen dürfen wir nicht mehr in Ruhe. Und was die großen Propheten betrifft ... Jesaja bezeichnet sich als jenen, der die Menschen des Nachts aufweckt, dessen Schreie die Stadt wecken werden. Jeremia mahnt: »Wacht auf, schlaft nicht.« Aber das ist wirklich widerlich, unseren Kleinbürger aus dem Schlaf zu schrecken. Der gute Schlaf, das ist der Luxus der Bourgeoisie, der Mittelklasse. Der Hungrige kennt ihn nicht. Selbst ihn will uns also Freud auch noch nehmen. Wenn Hitler in den sogenannten *Tischgesprächen* verkündet: »Der Jude hat das Gewissen erfunden«, hat er absolut recht. Das ist sogar eine tiefgründige Einsicht dieses bösen Herrn. Wenn Solschenizyn, den ich für einen bedeutenden, aber widerwärtigen Mann halte, uns sagt: »Der Virus des Kommunismus, des Bolschewismus ist ganz und gar jüdisch und hat zur Infektion der Heiligen Jungfrau von Kazan und der russischen Theokratie geführt«, hat er, was den historischen Hintergrund betrifft, vollkommen recht. Man kann dies beklagen oder stolz darauf sein. Aber der Antisemitismus gleicht einem menschlichen Schrei: »Hört auf, mir auf die Nerven zu gehen!« Ein Aufschrei gegen die moralische Unnachgiebigkeit des Judentums. Und ich glaube nicht, dass sich das korrigieren lässt. Die Krise im Mittleren Osten verschlimmert sich weiter. Einerseits existiert eine antisemitische Linke in den vorgeblich liberalen Ländern, andererseits gibt es die Baptisten, die faschistoiden Neokonservativen in den Vereinigten Staaten – im Südosten des Landes zählen sie fünfzig Millionen –, die Sharon Geld und Waffen schicken: »Bravo! Man muss die Ungläubigen von nazarenischer Erde fernhalten.« Ja, sie nennen Israel *The Nazarene Country.* Grausame, sadistische Absurditäten, empörende Allianzen.

»Jeder lebt, indem er aus seinem inneren Reichtum schöpft.«

Die Geschichte wird wieder eine gefährliche Wendung nehmen. Jeder lebt, indem er aus seinem inneren Reichtum schöpft. Wenn ich morgens aufstehe, erzähle ich mir folgende Geschichte, um durch den Tag zu kommen: Gott verkündet, dass er genug hat von uns. Mehr als genug. In zehn Tagen kommt die Sintflut, die wahre. Dieses Mal wird es keine Arche Noah geben. Sie war ein Fehler. Der Heilige Vater verkündet den Katholiken: »Nun gut, es ist der Wille Gottes. Betet. Vergebt einander. Bringt eure Familien zusammen und wartet das Ende ab.« Die Protestanten sagen: »Ordnet eure Bankkonten. Eure Bilanzen müssen absolut stimmen. Lasst eure Familien zusammenkommen und betet.« Der Rabbi sagt: »Zehn Tage? Aber das reicht völlig, um das Atmen unter Wasser zu erlernen.« Diese wunderbare Anekdote gibt mir jeden Tag das Glück und die Kraft weiterzuleben. Und ich glaube fest daran: Zehn Tage, das ist in der Tat sehr viel.

Wie reagieren Sie auf das Wiedererstarken des Antisemitismus vielerorts in der Welt?

Ich hatte gehofft, dass am Ende meines Lebens (das heißt jetzt) das Erbe der Schoah zur Ruhe kommen würde, dass in Europa eine Aussöhnung zu erwarten wäre; aber nein, heute brechen überall Wogen des Antisemitismus, das Judenhasses über uns herein. Das hätte man noch vor wenigen Jahren nicht für möglich gehalten. In Ungarn, Rumänien, Polen gibt es so gut wie keine Juden mehr, doch der Antisemitismus dauert an. Und in meinem geliebten England – es widerstrebt mir, das sagen zu müssen – mehren sich die Zeichen, die Anzeichen des Antisemitismus, der akademische Boykott jüdischer Wissenschaftler, selbst in England … Und angesichts der Krise entwickelt sich tiefgreifendes Unbehagen. Und dazu passt die wunderbare Ironie, dass Herr Putin den Antisemitismus in der Ukraine brandmarkt. Eine Erfindung, die Kafkas würdig wäre! Überall schwillt die Welle an, außer vielleicht in den Vereinigten Staaten. Ich spreche nicht von den Holocaustleugnern (von denen es in Frankreich einige gibt), ich spreche von den Ansichten der sogenannten Normalbürger, die sich angesichts der jüdischen Präsenz immer unwohler fühlen.

Welche Kartographie dieser Rückkehr des Antisemitismus würden Sie erstellen?

Er ist überall. Man kann keine Zeitung aufschlagen, ohne auf Zwischenfälle, Schändungen jüdischer Friedhöfe, Angriffe auf Synagogen zu stoßen. Und auf die nationalistischen, die rechten Bewegungen, die offen ihren Judenhass zur Schau stellen. Meine vorläufige, aber grundlegende These lautet: Judenhass gibt es dort, wo es keine Juden mehr gibt; sogar dort, wo es nie Juden gegeben hat. Wo wird die größte

Anzahl der sogenannten *Protokolle der Weisen von Zion* gedruckt? In Japan, wo es nie Juden gegeben hat. Dieses infame und äußerst wirkungsvolle Pamphlet verkauft sich dort hunderttausendfach. Also ist man schon berechtigt, sich die fast übernatürliche Frage zu stellen: »Welches sind die profunden Wurzeln dieser Verweigerung jeglicher Aussöhnung, dieser Verweigerung jeglichen Vergessens?« Man vergisst andere Probleme, aber den Juden vergisst man nicht. Und ich möchte eine provisorische Antwort vorbringen, die mir jedoch jetzt, am Ende meiner Tage, immer überzeugender scheint: Das Judentum hat schon zu lange Bestand. Niemand kann sagen: »Ich bin Zeitgenosse von Themistokles oder Cäsar«, aber die ethnische und historische jüdische Identität existiert seit fünftausend Jahren – das ist lang, sehr lang. Warum diese Langlebigkeit? Es gibt nur ein weiteres Volk auf dieser Erde – und nur eins –, das auf eine mehrtausendjährige Geschichte zurückblickt: das chinesische. Aber da muss man natürlich die ungeheure Zahl in Rechnung stellen.

Eine erste und ganz und gar skandalöse Tatsache – skandalös im Sinne des griechischen *skandalon*, Ungeheuerlichkeit – besteht darin, dass es auf diesem Planeten zu diesem Zeitpunkt mehr Juden gibt als vor der Schoah. Man sollte nicht das Recht haben, so etwas zu sagen, eine solche Aussage ist anstößig, aber sie stimmt: Es gibt mehr lebende, überlebende Juden als vor dem massivsten Völkermord in der Geschichte der Menschheit. Wie überlebt man als Jude die Schoah psychisch? Wie lässt sich folgende grundlegende Frage umgehen, die ein herausragender jüdisch-amerikanischer Philosoph, Sidney Hook, kurz vor seinem Tod gestellt hat? Ich stelle sie erneut: Wenn man Ihnen sagte, Ihre Kinder könnten einem erneuten Holocaust, einem Auschwitz in anderer Form, der erneuten Bedrohung durch Sklaverei und Zerstörung ausgesetzt sein, und Sie würden vor die Wahl gestellt, sie entweder zur Bekehrung, zur Aufgabe des Judentums zu veranlassen oder aber keine Kinder zu haben, wie fiele Ihre Wahl aus? Diese philosophische Frage stellte er sich.

Ganz sicher haben andere sich diese Frage ebenso gestellt – auch ich habe sie mir gestellt. Wenn wir wüssten, dass Monstrosität und Unmenschlichkeit uns erneut auflauerten, müssten wir nicht alles daransetzen, die jüdische Vergangenheit zu maskieren, auf die andere Seite zu gelangen, sie aufzugeben (was in Amerika möglich ist, wahrscheinlich auch in England, vielleicht in Frankreich); oder aber, als Alternative, keine Kinder in die Welt setzen?

Die Vergangenheit aufgeben? Wollen Sie damit sagen, den eigenen Namen ändern und sich zu einer anderen Religion bekehren?

Seinen Namen ändern, seine Kultur wechseln, sich zu verstecken suchen. Denn nach ein oder zwei Generationen würde dies wahrscheinlich zum Erfolg führen. Und doch glaube ich, dass die meisten Juden, selbst wenn sie ungläubig sind und nicht praktizieren, diese Lösung nicht wollen. Das ist meine persönliche Einschätzung – statistische Untersuchungen zu diesem Thema gibt es nicht. Was führt dazu, dass der Jude Jude bleiben will – ist es doch, weiß Gott, ein schlechtes Schicksal! Das Geheimnis dieses Überlebens, das Geheimnis, das den Hass bei den Nichtjuden, einen Sinn für das Monströse schürt, hängt, wie ich glaube, damit zusammen, dass der Jude einen Pakt mit dem Leben geschlossen hat. Genauer: Es scheint eine jahrtausendelange Verhandlung zwischen dem Juden und dem Leben, dem Geheimnis menschlicher Vitalität zu geben. Nach zehn Jahren, die Scharanski (der berühmte zionistische sowjetische Dissident) im Gefängnis, oft in Einzelhaft, verbracht hat, wird er auf einer kleinen Brücke gegen einen gefangen genommenen Spion ausgetauscht. Was macht Scharanski? Er überquert die Brücke tanzend und ruft seinen russischen Wärtern Beleidigungen zu! Wie es scheint, hatten die russischen Wärter im Lager, in der Kolyma, Angst vor Scharanski. Er tanzt, tanzt wie David vor der Bundeslade. Der Tanz eines unauslöschlichen Paktes mit der Vitalität. Vielleicht ist dies nur eine Metapher, doch wenn man sich fragt, was die anderen so erbittert, dann ist es meiner Ansicht nach das Geheimnis dieses Überlebens, die Weigerung zu verschwinden.

Hier stoßen wir auf einen Bereich, in dem man zum genialen Soziobiologen werden müsste … »Gibt es ein bestimmtes Element?«, fragt Lamarck. »Nein«, antwortet Darwin, »wir haben kein spezifisch menschliches Merkmal.« Heute beginnt man, den gesamten Lamarck zu überdenken. Warum sind siebzig Prozent der Nobelpreisträger in den Wissenschaften Juden? Warum sind neunzig Prozent der Schachgroßmeister Juden, sei es in Argentinien oder Moskau? Warum erkennen die Juden einander auf einer Ebene, die nicht nur jene der verstandesmäßigen Reflexion ist? Heidegger hat vor vielen Jahren gesagt: »Ist man zu dumm, um etwas zu sagen zu haben, erzählt man eine Geschichte.« Das ist böswillig. Also werde ich Ihnen eine Geschichte erzählen. Vor vielen, vielen Jahren bin ich als junger Doktorand nach Kiew gegangen. Ich verlasse abends das Haus zu einem Spaziergang, höre Schritte hinter mir; ein Mann gesellt sich an meine Seite und spricht das Wort *Jid* aus. Ich war des Russischen nicht mächtig und er nicht des Deutschen, aber wir machten die Entdeckung, dass wir beide ein wenig Jiddisch sprachen. Ich frage ihn: »Sie sind kein Jude?« – »Nein, nein. Aber ich werde Ihnen das erklären. Während der dunklen Jahre der stalinistischen Säuberungen hätten Außerirdische im Nachbardorf landen können, und man hätte es nicht erfahren. Wir erfuhren rein gar nichts! Die Juden aber erhielten Nachrichten aus der ganzen Welt. Wie, woher? Wir haben es nie herausgefunden, aber sie wussten, was los war.« Eine echte Freimaurerloge heimlicher Kommunikation. Und er fügte hinzu: »Ich habe genug Jiddisch gelernt, um zumindest fragen zu können: ›Was geschieht in Moskau?‹ Denn sie waren auf dem Laufenden.«

»Nach meinem Verständnis
bedeutet es, Teil einer Welt zu sein,
in der man Bescheid weiß, sich
keine Ammenmärchen aufbinden lässt,
Nein sagen kann.«

Was verstehen Sie unter »Freimaurerloge geheimer Kommunikation«?

Nach meinem Verständnis bedeutet es, Teil einer Welt zu sein, in der man Bescheid weiß, sich keine Ammenmärchen aufbinden lässt, Nein sagen kann. Der Jude hat es immer vermocht, sich dem Despotismus, der Unmenschlichkeit um ihn herum zu verweigern. Er war nie gänzlich von der Welt abgeschnitten; meiner Ansicht nach ist das Teil dieser transzendenten Vitalität, die mit der Geschichte einen Pakt geschlossen hat. Der Jude ist in der Lage zu sagen: »Wir werden entsetzlich leiden, wir werden die Pilger, die Vagabunden dieser Erde sein, aber wir werden nicht untergehen.«

Was bedeutet es, Jude zu sein, wenn man Israel nicht als Inkarnation des politischen Schicksals sieht und auch nicht gläubig ist?

Ich antworte Ihnen mit einer gewissen Scham, aber auch voller Freude: Es bedeutet, mit Ihnen hier in diesem Zimmer zu sitzen, inmitten all dieser Bücher, dieser CDs, jeden Tag in meiner Lektüre mehrere Sprachen zu handhaben, jeden Morgen etwas zu lernen. Für mich bedeutet jüdisch zu sein, Schüler zu bleiben, zu lernen, mich dem Aberglauben, dem Irrationalen zu verweigern; bedeutet, mich zu weigern, die Astrologen aufzusuchen, um etwas über mein Schicksal zu erfahren. Es ist eine intellektuelle, moralische, geistige Vision; es bedeutet vor allem, sich zu weigern, den anderen zu demütigen oder zu foltern, ihm durch meine Existenz Leiden aufzuerlegen.

Aber damit definieren Sie eine Charakteristik des Menschseins, Sie definieren nicht unbedingt den Charakter eines Volkes oder einer Zivilisation.

Doch, der Rest der Welt wird immer sadistischer, provinzieller, nationalistischer, chauvinistischer. Anscheinend gibt es heutzutage im Westen dreimal mehr Astrologen als Wissenschaftler. Die Astrologie, das Irrationale gewinnen unglaublich an Boden. Wir leben in einer Gesellschaft zunehmenden Kitsches, zunehmender Vulgarität und Brutalität.

Und Sie glauben, Jude zu sein, würde davor schützen?

Ja, das glaube ich. Ich gebe Ihnen ein eher heikles Beispiel, das mir aber am Herzen liegt. Wir kennen bislang keinen einzigen bekannten Fall von praktizierter Pädophilie in jüdischen Schulen. Das ist sehr wichtig: Dem Juden ist das Kind heilig. Wenn zumindest diese Tatsache als gesichert gilt (ich bin da vorsichtig, denn was wissen wir von den großen Geheimnissen?) … Im Gegensatz dazu nimmt die Pädophilie im gesamten Christentum bis heute immer weiter zu. Hingegen scheint es, dass es keinen jüdischen Lehrer gibt – noch einen Rabbi, großer Gott! –, der je ein Kind sexuell belästigt hätte. Während in Irland, einem Land, das ich gut kenne, keine Schule diesem Schicksal entgeht. Aber auch hier in England gibt es immer mehr Gerichtsverfahren wegen Pädophilie. So bestünde meiner Ansicht nach das Jüdischsein vielleicht darin, ein Kind nicht belästigen, den anderen nicht quälen oder foltern zu können. Oder darin, ein Buch mit einem Stift in der Hand zu lesen, weil man überzeugt davon ist, ein besseres schreiben zu können. Das ist diese wundervolle jüdische Anmaßung angesichts der Möglichkeiten des Geistes: »Ich werde es noch besser machen!« Wenn darin ein wenig Wahrheit liegt, so handelt es sich um ein unermessliches Privileg angesichts des geistigen Lebens – das für mich die menschliche Grandeur ausmacht. Das bedeutet natürlich keinesfalls, die Existenz gieriger, korrumpierter Juden zu leugnen (die Hochfinanz, die Investoren, die London aufkaufen, oder auch die russischen Gangster sind zum großen Teil Juden, und sie sind drauf und dran, die komplette Luxusindustrie an sich zu reißen), vielmehr bedeutet es, dass dieses Volk übermäßig zum Ruhm der Wissenschaften, der Philosophie und des Denkens beiträgt.

Ich selbst habe mich immer als Juden definiert, in all meinen Essays. In meinem ersten Buch, *Tolstoj oder Dostojewskij*, oder auch in *Der Tod der Tragödie*. Als jenen, der unterwegs ist, stolz darauf, kein Zuhause zu haben. Und am Ende meines Lebens ist das fast alles, was mir bleibt, mich definiert. Inzwischen empfinde ich es als großen Mangel, kein Hebräisch gelernt zu haben. Ich habe damit begonnen, aber danach nahmen Latein und Griechisch von mir Besitz ... Das war ein großer Fehler.

»Das ist diese wundervolle jüdische Anmaßung angesichts der Möglichkeiten des Geistes: ›Ich werde es noch besser machen!‹«

Sie können es doch jetzt noch erlernen!

Dafür ist es ein wenig spät.

Es ist nie zu spät.

Irgendwann kommt der Moment, da es für viele Dinge zu spät ist.

Sie gehen sehr hart um mit dem Islam, warum?

Zuerst einmal, weil die Bedrohung inzwischen immer grausamer ausfällt. Und weil es zwei Dinge gibt, die nicht verhandelbar sind. Zum einen die Aufgabe jeglicher Wissenschaft seit dem fünfzehnten Jahrhundert – Tatbestand, vernunftgemäße Beweisführung, Beweis und Lehrsatz werden vom Islam nicht anerkannt. Zum anderen das Schicksal, das den Frauen im Islam vorbehalten ist – eine Hälfte der Menschheit wird als zweitrangig angesehen und behandelt. Aus diesen beiden Gründen glaube ich nicht an die Ökumene und auch nicht an ein Einvernehmen. Malraux hat vorausgesagt, dass die Religionskriege des einundzwanzigsten Jahrhunderts die schwerwiegendsten der gesamten Geschichte sein würden. Was die Juden retten könnte, ist der Krieg zwischen Sunniten und Schiiten, der überall im Mittleren Osten Konflikte erzeugt. In Syrien gibt es siebzehn islamische Sekten, die sich untereinander noch mehr verabscheuen als sie die Gojim oder Juden verabscheuen. Der Hass zwischen den islamischen Sekten ist unglaublich grausam und kennt kein Erbarmen. Es könnte sein, dass Gott uns hilft, dass das Judentum dank der schrecklichen inneren Kämpfe des Islam überlebt. Das ist weiß Gott keine schöne Hoffnung, aber man hat schon andere traurige Wunder gesehen. Ich glaube an diese Vorstellung, diesen Begriff, den ich wohl als Erster geprägt habe: das »traurige Wunder«.

»JEDE SPRACHE ÖFFNET EIN FENSTER IN EINE NEUE WELT.«

Philonenko sagt über Ihr Werk, es sei »eine ausgedehnte Insel inmitten eines geschlossenen Meeres, umgeben von kleinen Inseln, mit einem Hafen, dessen zentraler Platz von Felsklippen gerahmt ist. Die eine Klippe heißt Babel, die andere Antigone«. Sind Sie mit dieser Definition einverstanden?

Nicht ganz. Babel, ja, das trifft sicher zu, wenn man bedenkt, dass sich das Problem der Sprache mein ganzes Leben lang im Zentrum meiner Untersuchungen und meines Denkens befunden hat. *Antigone* gehört zu den schönsten Texten dieser Welt; die Varianten dieses Texts haben mir erlaubt aufzuzeigen, wie ein Mythos lebt und zu neuem Leben erwacht, andere Formen annimmt. Aber das hätten genauso gut auch *Iphigenie*, *Ödipus* oder *Phaidros* sein können, die andere Gelehrte inspiriert haben.

All Ihre Untersuchungen beziehen sich letztlich auf die Sprache; dabei gibt es Querverbindungen zu Ihrer eigenen Biographie. Sie wurden in ein Meer von Sprachen hineingeboren.

Mein Vater war der Ansicht, dass für eine jüdische Familie das Überleben von ihren Sprachkenntnissen abhinge, davon, eine größtmögliche Anzahl von Sprachen zu beherrschen.

Die These, einem Kind mehrere Sprachen beizubringen,

könne bei ihm zu einer Art schizophrener Verwirrung führen, macht mich wütend. Sie dient nur dem politisch korrekten Angelsachsen und dem angloamerikanischen Imperialismus. Das Gegenteil ist wahr: Es gibt nichts Schlimmeres, als Kindern Sprachen vorzuenthalten, ihnen zu sagen, wie es jetzt oft geschieht: »Warum wollt ihr eure Zeit mit dem Erlernen von Sprachen vergeuden, wo doch das Angloamerikanische völlig ausreicht?« Im Übrigen stimmt das: In chinesischen Schulen lehrt man das Angloamerikanische; in Russland trifft man es überall an; in Japan ist es zur Zweitsprache geworden. Aber das ist verheerend, denn der Tod einer Sprache ist der Tod eines Universums an Möglichkeiten.

»Der Tod einer Sprache ist der Tod eines Universums an Möglichkeiten.«

Man sagt, dass es für jeden Menschen nur eine Muttersprache gibt, die in seinem Innern den Vorrang hat. Es scheint aber, dass Sie über mehrere Muttersprachen verfügen. Wie ist das möglich, und wie haben Sie das erlebt?

Bei Proust gibt es eine wunderbare Passage: Der junge Marcel ist dabei, den großen englischen Kritiker und Kunstphilosophen John Ruskin zu übersetzen. Sieben Jahre arbeitet er an der Übersetzung. Proust ist des Englischen kaum mächtig. Da fertigt seine Mutter, die ein exquisites Englisch sprach, nachts eine erste Skizze an und schiebt sie unter der Tür hindurch. Und was sagt uns der junge Marcel? »Englisch ist meine Muttersprache.« Das ist eine wichtige Lektion. Ich glaube nicht an die Muttersprachen. Im Nordosten von Schweden und in Finnland wachsen die Menschen mit zwei sehr unterschiedlichen und sehr schwierigen Sprachen auf. In Malaysia sind es drei Sprachen; man wächst dreisprachig auf. Genauso im Friaul: Rätoromanisch, Italienisch und österreichisches Deutsch. Viele Menschen werden in die Mehrsprachigkeit hineingeboren. Die vorgebliche Naturgegebenheit der Einsprachigkeit wird enorm überschätzt.

Maman begann einen Satz in einer Sprache und beendete ihn in einer oder zwei anderen. Sie war eine große Wiener Dame (was ein ganzes Kapitel für sich ist!), die Französisch gelernt hatte. Im jüdischen Wiener Großbürgertum sprach man fließend Französisch. Nabokov beherrschte das Englische noch vor dem Russischen. Zumindest sagt er, dass er seine ersten Verse auf Englisch geschrieben habe. Für Nabokov ist Byron fast noch wichtiger als Puschkin; und seine Amme – und das ist hier das Wesentliche – sprach Englisch mit ihm. Burgess, dieser wunderbare Engländer, besteht darauf, dass er ein Burgess aus Northumberland in der Grafschaft York sei, wo er »Vorfahren habe«. Ganz zu schweigen von Oscar Wilde (der mehrere Meisterwerke auf Französisch geschrieben hat) oder Conrad (der das Polnische fürs Englische aufgibt). Und Beckett ... Niemand weiß, wie Becketts Notizen aussahen. In meinem Buch *Nach Babel* habe ich versucht zu zeigen, dass es sich wahrscheinlich um eine fast unbewusste Mischung aus Französisch, Englisch und einer guten Dosis Italienisch gehandelt hat. Seine ersten Werke – zu seiner Zeit als Sekretär von Joyce – verfasste er auf Italienisch. Sie beschäftigen sich mit Dante und der italienischen Sprache. Beckett ist vielleicht der Größte in der modernen Literatur. Er erschafft eine Art vulkanisches Terrain, ein vulkanisches Magma, in dem die Sprachen sich vermischen. Im Übrigen hat er geschafft, was niemandem – oder fast niemandem – in der Geschichte der Literatur gelungen ist: Er hat Witze von einer Sprache in eine andere übersetzt. Das gehört zum Schwierigsten überhaupt. Er war ein babelscher Virtuose.

Weit davon entfernt, ein Fluch zu sein, stellen Mehrstimmigkeit und Mehrsprachigkeit eine außerordentliche Chance dar. Jede Sprache öffnet ein Fenster in eine neue Welt. Ich weiß, es gibt ein Gegenargument. In Cambridge und in England hat man mich ausgegrenzt – und tut es noch immer – mit den Worten: »Monsieur Steiner ist ein Gelehrter vom Kontinent.« Darauf muss man erst einmal kommen! Ein Gelehrter vom Kontinent … Er gehört nicht zu uns. Warum? Weil auch hier der Kult eines Barrès, der Kult des Blutes und der Toten, greift: Nur wer in einer Heimatsprache verwurzelt ist (ein weiterer Begriff von Barrès), besitzt eine unmittelbare Sensibilität, unmittelbare Reflexe, die ein Mehrsprachler oder *outsider* niemals haben kann. Das mag schon sein. Möglicherweise gibt es Dichter der englischen oder amerikanischen Sprache, deren Tiefe mir entgeht. Ich kann sie schätzen, jedoch nie mit jenen rivalisieren, die sich ganz und gar dieser und keiner anderen Sprache zugehörig fühlen.

Man kann nicht alles haben. Ich hätte nicht einsprachig sein wollen; ich kann es mir nicht einmal vorstellen. Ich habe fünfzig Jahre lang englische Literatur gelehrt; mit einer gewissen Fortune, hoffe ich. Ich bin nach Paris gefahren und habe Paul Celans Grab aufgesucht, der wie Hölderlin – der bedeutendste Dichter deutscher Sprache – unübersetzbar ist. Schon dass wir, Sie und ich, die Bibel in schlechten, manchmal glanzvollen, aber letztlich schlechten Übersetzungen lesen müssen, ist sehr bedenklich. Des Hebräischen nicht mächtig zu sein, stellt ein erstes Hindernis dar im Hinblick auf eine der Quellen der Menschheit. Das übersetzte Altgriechisch? Sprechen wir nicht davon. Von China und Japan sind wir abgeschnitten. Auch Russisch lese ich nicht. Am Ende seines Lebens sucht sich Edmund Wilson, mein unmittelbarer Vorgänger als Hauptrezensent des *New Yorker*, einen Lehrer, um Ungarisch zu lernen – eine teuflisch schwere Sprache. Seine Erläuterung dazu: »Man sagt, gewisse Dichter seien ebenso bedeutend wie Puschkin oder Keats. Das will ich herausfinden!« Er dachte an Ady, Petőfi. Das ist doch wundervoll. »Ich will das herausfinden, man soll mir keine Geschichten erzählen.« Und wenn ich nicht so bequem wäre, unternähme ich ebenfalls den Versuch, noch eine oder zwei Sprachen zu lernen. Auch ich möchte noch Dinge herausfinden.

»Jede Sprache öffnet ein Fenster
in eine neue Welt.«

Wie sehen Sie die augenblickliche internationale Dominanz des Angloamerikanischen? Und welche Stellung nimmt Ihrer Ansicht nach das Französische ein?

Eine Sprache, dass ist ganz einfach eine Art und Weise, Dinge zu benennen: Die Futurform des Verbs – in manchen Sprachen heißt sie Hoffnung – ist in jeder Sprache anders. Die Erwartungen an das Potenzial des menschlichen Abenteuers, die menschliche Lage, stellen sich in jeder Sprache anders dar. Ebenso wie die Erinnerung, die ungeheure Masse an Erinnerungen. Käme es zu einem einsprachigen oder nahezu einsprachigen Planeten, so wäre dies ein ebenso großer Verlust wie jener der Fauna und Flora (die, wie Sie wissen, überall auf der Welt von Zerstörung bedroht sind), es käme einer entsetzlichen Verarmung gleich. Und ich brauche Ihnen nicht zu sagen, wie beunruhigend die Situation des Französischen angesichts der angloamerikanischen Eroberungen ist.

Der Sieg dieser Sprache, dieses industriellen, technologischen, wissenschaftlichen, ökonomischen, fiskalischen Esperanto, lässt sich jedoch nicht ausschließlich – welch Ironie! – auf die politische Macht der USA zurückführen. Auf eine (noch) schwer zu definierende Art und Weise ist das Angloamerikanische voller Hoffnungen, voller Versprechungen, während in anderen großen Sprachen inzwischen ganz offensichtlich Ermüdung und Trauer eingesetzt haben. Welch reichhaltiges Material für eine Untersuchung! Einige Sprachen werden von der Vormachtstellung des amerikanischen Kontinents erdrückt, während sich in anderen neue Vitalität kundtut. Spanien erfährt zurzeit die Rückwirkung der großen lateinamerikanischen Schriftsteller, daraus ergibt sich ein erstaunlicher Aufschwung. Das Portugal José Saramagos und António Lobo Antunes' (in meinen Augen einer der bedeutendsten europäischen Schriftsteller) hat gegenüber Brasilien – das selbst eine große Literatur besitzt – einen Vorsprung gewonnen. In anderen Fällen kommt es zu Zusammenbrüchen.

Das Schicksal der englischen Sprache ist hier, in England, ungewiss, weil bei den Jüngeren eine Art Angloamerikanisch die Oberhand gewinnt. Der junge Martin Amis, der eine Zeitlang der vielversprechendste Romanautor seiner Generation war (mit Betonung auf »war«), hat in seinem Text *Money* gezeigt, dass er diese neue amerikanische Sprache mit unvergleichlichem Brio beherrscht. Aber das hat nicht die gewünschte Wirkung gehabt.

Amerikaner zu werden ist für einen englischen Schriftsteller nicht einfach, dabei entstehen psychische Fallgruben. Und woher kommt momentan das Englische, das mit

Leben erfüllt ist? Aus der Karibik, aus Indien, Pakistan (Salman Rushdie, V. S. Naipaul ...), und vor allem aus Irland, das eine beeindruckende Tradition sprachlicher Unabhängigkeit besitzt. Von dorther, von den Rändern des klassischen Englisch, kommt die neue Vitalität.

Der schmale Kanal zwischen Frankreich und England ist in gewisser Weise breiter als der Pazifische Ozean; die beiden Sprachen, die beiden Weltsichten, die er trennt, unterscheiden sich gründlich, radikal. Auf der einen Seite gab es die große Schule des französischen Moralismus, die zurzeit vielleicht erlischt, die jedoch wiederaufleben wird. Das französische Denken hat immer diese Dimension gehabt (ganz sicher seit dem siebzehnten Jahrhundert), es wendet sich an den Menschen, an die universelle Moral des Menschen. Da existieren große Unterschiede zur deutschen Philosophie oder zur englischen Tradition. Der Metaphysik wurde in England nie ein günstiges Los zuteil; andererseits wirkten sich der englische Empirismus, die englische Ironie, der Skeptizismus eines Hume oder Bertrand Russell weltweit aus. Man darf nie vergessen, dass England sich einem Paradoxon gegenübersieht: Es ist eine kleine Insel, ökonomisch und politisch im Niedergang, zutiefst verletzt von Kriegen, die es nicht gewonnen oder auf widersprüchliche Weise gewonnen hat, zugleich aber verfügt es über eine Sprache, die den Planeten beherrscht. Von dieser kleinen Insel stammen Shakespeare und die englische Sprache, die weltweit benutzt wird. Ich bin viel gereist, und wo immer ich auch hinkomme, begegnet mir das Englische, sei es in China, unter japanischen Studenten oder in Osteuropa.

Valéry – den ich verehre, der aber auch wunderbaren Unsinn von sich geben konnte – hat verkündet: »Man hat mir gesagt, dass man Englisch in zwanzig Stunden erlernen kann. Darauf erwidere ich, dass man das Französische in zwanzigtausend Stunden nicht erlernen kann.« Ein schöner, zwar unsinniger, aber wunderbarer Geistesblitz. In der Tat ist es so – ich habe all diese Sprachen unterrichtet –, dass man das Englische nicht nur schnell erlernen kann, sondern dass es eine hoffnungsvolle Botschaft enthält. Wie lässt sich das am besten erläutern? Im Englischen existiert ein Fahrsteig gen morgen. Das Englische ist voller Versprechungen; es sagt uns: »Morgen wird alles besser sein.« Die amerikanische Unabhängigkeitserklärung enthält jenen berühmten Ausdruck des »Strebens nach Glück«. Der Menschheit zu sagen: »Strebe nach Glück!«, das ist nicht selbstverständlich. In dieser Sprache existieren weder die tiefe Verzweiflung noch die großen Apokalypsen des Russischen, des Französischen, jene metaphysische Vision von der Verdammnis des Menschen, von der Erbsünde. Das Angloamerikanische hat nie daran geglaubt.

»Käme es zu einem einsprachigen oder nahezu einsprachigen Planeten, so wäre dies ein ebenso großer Verlust wie jener der Fauna und Flora.«

Ich sehe keinen Computer in Ihrem Haus.

Meine Ignoranz auf technischem Gebiet spottet jeder Beschreibung. Ich verstehe nicht einmal, wie das Telefon funktioniert. Im Übrigen bin ich mir ziemlich sicher, dass Sie es genauso wenig verstehen. Die Menschen sitzen einem ungeheuren Bluff auf. Wir sind umgeben von Instrumenten, von denen wir nichts verstehen: Kindle, iPod, Twitter. Von ihrer Existenz weiß ich dank meiner Enkel, die Virtuosen sind in dieser magischen Kunst. Sie beruht auf dem Angloamerikanischen, auf einer Ökonomie von Rede und Syntax. Vorsicht: Wenn der Computer und die ersten Computersprachen – die auf Shannon in Amerika und Turing in England zurückgehen – in Indien erfunden und entwickelt worden wären und wenn die ersten Formeln der Programmiersprachen auf der hinduistischen Grammatik basierten, wäre die Welt jetzt eine andere. Der Planet sähe anders aus. Zwischen der neuen Auffassung einer Minimalsprache und der natürlichen Struktur des Angloamerikanischen existiert eine phantastische Übereinstimmung. Warum macht das Deutsche die Leute halb wahnsinnig, in der Philosophie hingegen alles möglich? Weil das Verb am Ende von endlosen Sätzen steht. Das heißt, man kann zögern, sich verbessern, kann ein »oder« an das andere reihen, um letztlich bäuchlings auf das Verb zu fallen. So wurde der Stil eines Hegel, Schopenhauer, Kant oder Heidegger überhaupt erst möglich. Im Englischen funktioniert das nicht.

Das Englische sagt den Menschen, die – vermeiden wir die brutalen Begriffe ungebildet, analphabetisch – nicht das Privileg der Sprachbegabung besitzen: »Auch ihr könnt alles erreichen, was ihr wollt.« Im Englischen existiert dieses große Versprechen einer Eloquenz der einfachen Sprache.

Sehen Sie, es gibt viele Länder – Frankreich zum Beispiel –, in denen Grammatikfehler, Schnitzer, tastende Versuche schlecht angesehen sind. In Amerika assoziiert man den Mangel an Eloquenz mit Aufrichtigkeit: Jemand, der unbeholfen spricht, muss aufrichtig sein, er erzählt uns keine Märchen. Diese Dialektik ist profund, eine Antithese zur römischen und französischen Zivilisation. In Frankreich muss man sich gut ausdrücken können, und die großen französischen Führungspersönlichkeiten waren oft von wunderbarer Eloquenz. Frankreich hat einen Bossuet, einen de Gaulle und noch viele andere hervorgebracht. In

Amerika ist das Basisvokabular auf ungefähr achthundert Wörter begrenzt. Die Telefongesellschaft Bell hat in Untersuchungen festgestellt, dass man mit achtzig Wörtern fast alles ausdrücken kann, was man will. In anderen Sprachen definiert der immense Reichtum des Vokabulars eine soziale Elite, eine Bildungselite; das ist grundverschieden.

Demnach gäbe es ein unterschiedliches Sprechen, je nach Sprache. Aber auch je nach Geschlecht, wenn man sich auf den Eros der Sprache bezieht, einen Aspekt Ihrer Arbeit, der nicht genug beachtet wird. Worum handelt es sich bei diesem Eros der Sprache? Was transportiert er? In *Nach Babel* sprechen Sie ein absolut faszinierendes und von der Forschung wenig erschlossenes Thema an: Sie wagen die Aussage, dass es vielleicht ein weibliches Sprechen gibt.

Davon bin ich mehr und mehr überzeugt, das ist in der Tat eine Thematik, die enormen Reichtum birgt. Es gibt gewisse Sprachen, in Nordsibirien, im Bereich des Altai-Gebirges oder auch in Südostasien, in denen eigene Sprechweisen für Frauen und für Männer existieren. Das heißt, die Frauen haben nicht das Recht, bestimmte Formen der Syntax anzuwenden; und doch müssen sie das männliche Vokabular kennen, um es ihren Söhnen beibringen zu können. Eine der Ironien der ungerechten Stellung der Frau; hier tritt sie in kristalliner Fassung auf, verankert in der Form.

Unsere Sprachen haben die Frauen jahrtausendelang nur untereinander benutzt. Sie mischten sich nicht in die politischen, gesellschaftlichen, theologischen Diskussionen der Männer ein. Sie mussten Gepflogenheiten des Verweisens, der Anspielung, eines fast organischen Verstehens entwickeln, die ihnen eigen waren. Der Eintritt der Frau in den allgemeinen Diskurs hat erst vor kurzem stattgefunden. Ich habe noch ein England kennengelernt – in Cambridge und in Oxford –, in dem die Damen nach dem Dessert vom Tisch aufstanden und sich in einen anderen Saal begaben. Die Männer blieben unter sich, und man sprach über Politik, über die »ernsten« Dinge. Gott sei Dank ist diese groteske Konvention heute erloschen. Aber man stelle sich vor: In Oxford oder Cambridge existieren noch immer gewisse Colleges – diese Praxis verschwindet erst allmählich –, wo bei großen Festlichkeiten, großen Diners, die Männer in Talar und Frack im Speisesaal an langen Tischen sitzen, während die Frauen sich in der Galerie aufhalten. Übrigens genau wie in der Synagoge, worauf ich oft spöttisch hinweise.

Die weibliche Rede muss tief verwurzelt sein in der Erfahrung, die die Frau mit dem Kind macht und die der Mann niemals vollständig teilt – und natürlich auch im Hinblick auf den Sexus. Ich habe zu diesem Donjuanismus der Sprachen ebenfalls Überlegungen angestellt. Was eine Frau dazu sagen könnte (ich spreche von einer Frau, die in anderen Sprachen als der ihren den Liebesakt vollzogen hat), wäre von immenser Bedeutung. Das ist wieder ein ganz anderer Planet.

Der Roman ist zur Domäne der Frau geworden. Sie dominiert ihn. Und der Roman stellt die mehrsprachige Form par excellence dar, er inszeniert unterschiedliche Ebenen des Diskurses und des Vokabulars. Virginia Woolf war sich dessen überaus bewusst; sie hat darüber geschrieben. Die großen zeitgenössischen Schriftstellerinnen haben die Verständnislosigkeit aufgedeckt, die mit dem Unterschied der Geschlechter verbunden ist; all das hat eine dunkle Seite. Im Grunde verstehen wir einander kaum. Diese idiotischen und vulgären Spötteleien wie »Wenn eine Frau Nein sagt, meint sie Ja« haben eine semiotische Basis (das Wort trifft es nicht, aber ich finde kein besseres), eine authentische und tiefgründige Basis. In wesentlichen Momenten des Austauschs findet eine Art Dialog zweier Tauber statt, wie man auf Französisch sagt. Und bei vielen Männern existiert ein kindliches Empfinden (»Sie versteht mich nicht.«), ein tiefes Ressentiment gegenüber der weiblichen Rede, die immer mächtiger wird. Wer hätte einen Wahlkampf voraussehen können, in dem sich Hillary Clinton und Condoleezza Rice gegenüberstanden, zwei talentierte Frauen, die ein weit größeres Charisma hatten als die miserablen männlichen Kandidaten? In anderen Ländern wird der Aufstieg der Frauen vielleicht zu einem ganz neuen politischen und gesellschaftlichen Diskurs führen. Ein bemerkenswertes Abenteuer steht uns da bevor!

Im Übrigen bin ich davon überzeugt, dass es in der großen Kunst viele Entschädigungen für Leid und Ungerechtigkeit gibt. Was ein ungemein dorniges Problem aufwirft: Warum ist die Frau nicht in größerem Ausmaß schöpferisch tätig?

Weil der Mann sie daran hindert.

Aber nein! Niemand hat die Schwester Pascals daran gehindert, etwas zu erschaffen. Man hat ihr die Mathematik beigebracht, aber er war es, der im Alter von neun Jahren alle Theoreme Euklids neu entdeckte. Nein, das Ganze ist bedeutend komplizierter. Heute gibt es in England und auch in Frankreich bemerkenswerte Romanschriftstellerinnen. Diese Bewegung nimmt immer weiter zu. In der Lyrik hingegen stechen nur wenige Frauen hervor. Zwei von ihnen nötigen uns jedoch besondere Bewunderung ab: Achmatowa und Zwetajewa. Meine – zweifellos simple – Hypothese lautet: Wer Leben erzeugen, ein Kind bekommen kann, für den hat die ästhetische, moralische, philosophische Schöpfung weniger Gewicht. Aber das ist nur eine Hypothese. Manche Frauen werden zornig, wenn man sie äußert. Sie akzeptieren diese Art von Aussagen nicht – und vielleicht haben sie recht. Werden zukünftige Generationen große Frauen hervorbringen? In den Naturwissenschaften stellt man sich diese Frage. In Cambridge (das auf dem Gebiet der Naturwissenschaften, zusammen mit dem MIT und Stanford, zu den wichtigsten Universitäten weltweit zählt) versucht man, gezielt junge Frauen anzuwerben. Eine Kampagne, die von der Regierung unterstützt wird, die auch Stipendien vergibt … Diese Initiative kann man nur begrüßen, denn für Mädchen ist es noch schwieriger als für Jungen.

»Wer Leben erzeugen, ein Kind bekommen kann, für den hat die ästhetische, moralische, philosophische Schöpfung weniger Gewicht.«

Sie haben Glück, denn bei uns in Frankreich werden die Mädchen beiseitegelassen.

Man tut sein Bestes …

Die Briten sind offensichtlich feministischer als die Franzosen.

Die jungen Frauen ziehen ihr Studium brillant durch – und fallen dann hinter den Männern zurück, warum, weiß man nicht. Ein faszinierendes Sujet, das uns erneut zeigt, wie primitiv doch die Werkzeuge der Sozialpsychologe und der Kollektivpsychologie sind. Ein rudimentäres Werkzeug. Was hat man seit Durkheim, diesem bedeutenden Herrn, wirklich dazugelernt? Woher stammt dieser Keim, dieser Virus der Schöpfung, der zum Ausdruck bringt:

»Ich kann die Welt verändern«? Vielleicht besitzt die Frau zu viel gesunden Menschenverstand? Und dieser gesunde Menschenverstand ist, was immer auch Descartes dazu sagen mag, schlecht verteilt; zudem ist er der Feind des Genies. Der gesunde Menschenverstand schwächt das Irrationale, die Anmaßung.

Aber da spricht der Macho aus Ihnen, George!

Nein, ich respektiere die Tatsachen. Und warte, warte ...

Sie warten, aber es hat schon Frauen gegeben und gibt sie auch heute, die Großes geschaffen haben. Also (und gleich werden Sie aufspringen), um Ihre Hypothese aufzugreifen, die besagt, dass Frauen nicht schöpferisch seien, weil sie das Glück hätten, gebären zu können und dies sie daran hindere, auf andere Weise schöpferisch zu sein, nenne ich Ihnen drei Namen von Philosophinnen. Alle drei haben, wie der Zufall es will, keine Kinder gehabt; war es wirklich Zufall oder eine Notwendigkeit? Jedenfalls hatten sie nicht den Wunsch. Also: Hannah Arendt, Simone de Beauvoir und Simone Weil. Was sagen Sie dazu?

Ich akzeptiere Ihr Urteil in keiner Weise. Ich hatte das Unglück, Hannah Arendt einmal zu begegnen ... Nur wenig aus ihrem Werk ist, wie ich meine, von herausragender Bedeutung. Eine Dame, die einen umfangreichen Band über den Totalitarismus schreibt, ohne Stalin mit einem einzigen Wort zu erwähnen, weil ihr Gatte ein kommunistischer Stalinist war. Nein danke.

Und Simone Weil? De Gaulle hat über sie gesagt: »Sie ist verrückt.« Ein Urteil, das sich nur schwer widerlegen lässt. Es gibt wunderbare Passagen ...

Sie lesen sie regelmäßig ...

In ihren Texten finden sich sehr schöne Passagen, aber nur wenige. Und bitte erlauben Sie mir, blinde, simple Vorurteile auszusprechen: Eine Frau, die sich weigert, der katholischen Kirche beizutreten, weil sie zu jüdisch sei, und dies zum Zeitpunkt von Auschwitz? Abermals: Nein danke. Das ist unverzeihlich. Sollte es ein Jüngstes Gericht geben, wird diese Dame in große Schwierigkeiten geraten. Und die dritte? Von wem sprachen Sie?

Simone de Beauvoir.

Das war eine brillante Frau. Welch ein Glück, dass sie auf Jean-Paul Sartre gestoßen ist ... Welch ein Glück! Das war eine Wahl, die von Intelligenz zeugt ...

Ich glaube, es war eher Sartre, der sich glücklich schätzen konnte.

Das ist durchaus möglich ... Gewiss, sie wurde sehr bewundert. Es gibt sicherlich Ausnahmen. Aber warum finden sich in den Naturwissenschaften, in denen ihnen doch alle Möglichkeiten offenstehen (auch in den Vereinigten Staaten ermutigt man sie dazu), nicht mehr Frauen? Zu sagen, dass die Mitglieder des Nobelpreiskomitees mit Vorurteilen gespickte Machos seien ... Nein, daran glaube ich nicht. Man ist auf der Suche nach Frauen an der Spitze der Wissenschaften; man sucht nach ihnen für die Fields-Medaille (dem Äquivalent des Nobelpreises in der Mathematik). Einige meiner Kollegen halten das für schwer verständlich. Vielleicht wird es sich ändern.

In Ihrem Buch mit dem Titel *Meine ungeschriebenen Bü-*

cher **(2007) sagen Sie in dem Kapitel, das von der Liebe und den Frauen handelt, die Frauen seien in der Geschichte der Menschheit nicht schöpferisch genug gewesen. Aber hätten Sie ebenso viel zustande gebracht, wenn Sie auf Ihrem Weg nicht Frauen begegnet wären, die Sie geliebt haben, von denen Sie geliebt wurden, mit denen Sie sexuell verkehrten und die Ihnen im Akt der Liebe Dinge über die Sprache und den Sinn der Existenz beibrachten?**

Das ist überaus wahr, aber warum gibt es kein Buch einer weiblichen Casanova, die ihre Seite der Gleichung erzählt? Ein solches Buch existiert nicht. Wäre es nicht an der Zeit dafür? Lassen wir die Pornographie gewisser französischer Damen beiseite. Das ist kindischer Schund. Schund kann sehr interessant und komplex sein, wie die Werke bestimmter französischer Schriftsteller beweisen. Ich habe versucht zu zeigen, dass es einen Donjuanismus der Sprachen gibt, dass jede Sprache unterschiedliche Tabus auf unterschiedlichen Ebenen des Argots kennt (der sexuelle Argot ist ungeheuer reichhaltig) und eine von anderen Sprachen gänzlich verschiedene, totalisierende Erfahrung darstellt. Dieses Abenteuer kennt keine Grenzen. Und wenn es einen Satz gibt, auf den ich sehr stolz bin, dann dieser: Die Simultanübersetzung ist ein Orgasmus. Und auch seine Umkehrung stimmt: Der – eher seltene – Orgasmus ist eine Simultanübersetzung. Die Dame, mit der ich zusammen bin, und ich, wir teilen in diesen delikaten Momenten eine Sprache[2]. Aber nicht in diesen Momenten kommen wir zum Orgasmus. Der Akt des Übersetzens besitzt im Übrigen ebenfalls einen sehr komplexen erotischen Anteil.

2 *langue* hat im Französischen sowohl die Bedeutung »Sprache« als auch »Zunge«.

Bitte weichen Sie nicht auf intellektuelles Terrain aus, bleiben wir auf dem Terrain des Sexus, wo Sie dieses Thema doch in Ihrem Buch so frontal angehen. Ich weiß nicht, wer Suzanne ist, aber mit Suzanne … stellen Sie so allerlei Dinge an: »Zwei Punkte für *dard, lance d'amour, manche, nerfs.*[3]*Foutre, chevauchée*[4] waren zu banal, um mehr als einen halben Punkt zu verdienen. Drei Punkte für *trou mignon* oder *trou vélu*[5]. Einen Zusatzpunkt, wenn man *enfiler*, la petite cuisson[6] auf rechte Weise abgeleitet, gedeutet hatte. Wonach Suzanne, mehr oder minder entkleidet, eines ihrer bretonischen Gerichte zubereitete, die – ob es sich nun um die maritime Würze oder den beigefügten Schuss Cognac handelte – keine Geheimnisse für sie bargen.« Je weiter sie ins Heitere vordringen, desto deutlicher werden Sie *hard.*

Aber auch ich kann eine Frohnatur sein. Man sagt mir nach, der Frohsinn sei nicht meine Stärke, aber das stimmt nicht. Denken Sie im Übrigen an die Worte Nabokovs: »Nur die Fiktion spricht wahr.« Vorsicht.

»Die Simultanübersetzung ist ein Orgasmus.«

3 *dard:* Spieß, Stachel; *lance d'amour:* Liebeslanze; *manche:* Stiel, Griffel; *nerf:* Nerv, Sehne, Triebkraft.

4 *foutre:* Sperma; *chevauchée:* Ritt.

5 *trou mignon, trou vélu:* reizendes, flaumiges Loch.

6 *enfiler:* sexuell besitzen; *petite cuisson:* köcheln, gar werden.

Ja, ja … Sie sprechen von *Lolita* … aber ich möchte auf George zurückkommen, den ich vor mir habe.

Nein, der Anteil an Fiktion und Allegorien in diesem Kapitel ist natürlich groß.

Trotzdem haben Sie dieses Buch Ihrer Frau gewidmet; um Suzanne vergessen zu machen. Aber es gibt nicht nur eine Suzanne, es gibt auch A. M. Sie hat nur Anrecht auf ihre Initialen. Also: »A. M. war stolz auf die Dichte ihres brennenden Busches. Die Gärten bilden den Rahmen der Zusammenkünfte und der sexuellen Verzauberungen. Zuerst sollte meine Zunge den Tau der äußeren Blütenblätter nur streifen, nur flüchtig kosten. Das Eindringen dann durfte einzig mit fast unerträglichem rallentando und Zartgefühl erfolgen. Die Veilchen mussten …« Hier halte ich inne, weil …

Aber das ist doch sehr schön.

Aber warum hat es so lange gedauert, bis Sie uns all das erzählt haben?

Das Kapitel über den Donjuanismus der Sprachen, der Zungen, lag seit der Abfassung von *Nach Babel* in einer Truhe. Ich habe es nie veröffentlicht, weil das bei Oxford Press zu jener Zeit mit Sicherheit unmöglich gewesen wäre. Aber ich habe immer davon geträumt, und als ich an den Punkt kam, an dem man auf die Meinung der anderen pfeift, sagte ich mir: »Voilà! Bring die Leute zum Lachen. Bring dich selbst mit deinen Erinnerungen zum Lachen.« Nur Casanova hat uns Material dazu geliefert, er hat wirklich die polyglotte Liebe gelebt; das kommt nur äußerst selten vor. Nabokov ebenso. Ich lese zurzeit

Ada oder Das Verlangen, es gibt wunderbare Momente polyglotter Sexualität bei Nabokov – die er auch erlebt hat, und in welchem Ausmaß! Leider trifft dies nicht zu auf Burgess, der zwar dreisprachig ist und die Liebe kennt, aber auf andere Weise.

Weit größere Autoren, als ich es bin, haben diese Themen angeschnitten, aber ich wollte, dass man endlich einmal über mich lacht, über einen Autor lächelt, dem man immer vorwirft, zu düster zu sein.

Man lacht nicht nur, man ist auch von dieser eindringlichen – und das ist nicht als anzügliches Wortspiel gemeint – Analyse Ihrer erotischen Abenteuer bezaubert und von der Vertiefung einer Thematik, die für Ihr Werk wesentlich ist: der Zusammenhang von Geschlecht und Sprache.

Aber ja, das ist ein Bereich, mit dem man sich bisher kaum befasst hat. Man weiß noch so gut wie nichts über den Zusammenhang des parasympathischen Systems (einem Bestandteil des Nervensystems, ein Teil der Sexualität spielt sich im Gehirn ab) mit den Hirnzentren, die den Sprachgebrauch regeln. Und doch ist der Mensch ein Tier, das spricht, und die menschliche Sexualität ist von sprachlichen Elementen durchsetzt, zu denen nur selten neue Elemente hinzukommen … Es geschieht äußerst selten, selbst bei großen Schriftstellern, dass den erotischen Ressourcen einer Zivilisation etwas hinzugefügt wird. Proust gelingt es mit dem Ausdruck *faire cattleya*[7]. Das ändert alles. Nabokov gelingt es mit *Lolita*; seitdem gibt es Lolitas an allen Straßenecken. Vorher hatte niemand sie gesehen. Eine

7 Cattleya: eine Orchideengattung mit großen, farbenfrohen Blüten, die in Südamerika beheimatet ist.

wunderbare Bereicherung der Wahrnehmung. Aber wie gesagt werden dem Repertoire der Wahrnehmungen, der menschlichen und sprachlichen Sensibilität nur selten neue Möglichkeiten, den Eros zu leben, hinzugefügt.

Wir alle sind im Besitz magischer Sätze, die uns mit dem Leben verbinden. Für mich gehört der Ausdruck *sereine crispation*[8] von René Char dazu. Genau dies trifft auf bestimmte Momente der Liebe zu: eine heitere (An-)Spannung. Vor Char hatte niemand diese beiden Begriffe zusammengebracht. Und dieser Ausdruck gehört wirklich zu jenen, die das Glück in der Liebe definieren. Anspannung, und Befriedung – ein Frieden, der keiner ist. Um darauf zu kommen, muss man schon ein Genie sein.

»Wir alle sind im Besitz magischer Sätze, die uns mit dem Leben verbinden.«

Beim Lesen Ihres Kapitels über Liebe, Sexualität und Sprache hat man den Eindruck, man könne beim Liebesakt weder Vergnügen noch Lust empfinden, wenn er nicht von Rede begleitet ist.

Ich frage mich, wie das Liebesleben der Taubstummen aussieht? Ich finde keine Antwort darauf. Ich könnte ein halbes Dutzend wichtiger Artikel über die Blinden zitieren; das ist untersucht worden, es gibt sehr wichtige Zeugnisse.

8 *crispation:* physiologisch – Zucken, Zusammenschrumpfen, Verkrampfung; psychologisch – nervöse Spannung, Gereiztheit; *sereine:* heiter.

Aber über die Taubstummen – nichts. Und wie »sprechen« sie miteinander? Gewiss gibt es viele Millionen Menschen, die den Sexualakt schweigend, in Stille erleben. Das ist mehr als wahrscheinlich. Ich gehe davon aus, selbst wenn ich keine Beweise dafür habe. Aber was geschieht bei Wesen, die das Glück einer bestimmten Bildung, Erziehung, eines Sinns für Ästhetik besitzen? Im Institut in Princeton kamen die jungen Mathematiker abends nach Hause und wussten ihren Frauen nichts über ihre Arbeit zu berichten. Nicht eine Silbe. Aber eines Tages erzählte mir eine der Gattinnen: »Wenn es an bestimmten Abenden im Bett gut läuft, ist das für mich die einzige Art und Weise zu erfahren, dass der Tag für ihn kreativ verlaufen ist.« Sie hatte recht. Ihre Schlussfolgerung war angemessen. Natürlich sind wir in der Lage, den anderen einen Überschwang an Freude, Enttäuschung oder Traurigkeit spüren zu lassen. Aber es gibt Grenzfälle, die mich sehr interessieren: wenn intim verbundene Wesen keine gemeinsame Sprache haben.

Mir fällt dabei ein, was Sie über das Schachspiel sagten: Wenn Sie auf Reisen sind, können Sie überall auf der Welt ein Bistro betreten und finden sogleich eine gemeinsame Sprache.

Beim Schachspiel sind die Regeln festgelegt: Eine Übersetzung ist überflüssig; es ist nicht einmal nötig, sich vorzustellen; es besteht eine wundervolle Anonymität des Teilens, eine augenblickliche Verbindung. Was das Begehren betrifft – ja, es kann stumm sein. Jeder weiß, was Liebe auf den ersten Blick ist; und doch kann man sie nicht erklären. Das kommt vor, ganz gewiss: ein Blick, eine Geste, die entscheidend sein können für ein ganzes Leben.

Dieses Problem der stummen Sprache gehen Sie in *Gedanken dichten* direkt an. Was bedeutet dieses Schweigen?

Seit meinen ersten Essays, *Sprache und Schweigen*, habe ich versucht zu verstehen, was in Bereichen geschieht, in welche die Rede nicht vordringt. Wir haben schon von der Mathematik und der Musik gesprochen, zwei großen Stimmen der Stille. In Princeton habe ich als junger Mann eine Episode erlebt, die für mich entscheidend war: Die Tür stand offen, und eine Gruppe von Mathematikern arbeitete mit atemberaubender Geschwindigkeit an der Tafel, sie schrieben mit Kreide algebraische topologische Formeln. Japaner waren darunter, Russen, Amerikaner. Absolute Stille. Da sie nicht dieselbe Sprache hatten, konnten sie sich nicht mittels gesprochener Worte verständigen. Aber sie verstanden einander in der Stille ihrer Gedanken. Das war eine enorme Offenbarung für mich.

Es gibt alle möglichen Formen der Kommunikation außerhalb und jenseits der gesprochenen Sprache. Mallarmé hat uns auf die Bedeutung der Leerräume zwischen den Zeilen hingewiesen; in der Musik gibt es entscheidende Momente der Stille. Ich habe versucht zu verstehen, warum es Dinge gibt, die man nicht in Worte fassen sollte: die äußerste Erfahrung der Schoah, gewisse Momente des Eros oder anderer Sprachformen. Mit diesen Themen habe ich mich ausführlich beschäftigt.

Jede Sprache hat ihren Eros, ihren sexuellen Jargon, ihre erotischen Geistesblitze. Aber es gibt auch jene, die sagen, in der wirklichen Liebe müsse Schweigen herrschen. Einige Kulturen favorisieren erotische Ausdrücke, in anderen sind sie völlig tabu. Dieser Austausch zwischen den Möglichkeiten des Sagens und den Möglichkeiten der Liebe, der Lust fasziniert mich immer noch. Nur äußerst selten lässt sich der Beginn einer großen geistigen Bewegung exakt datieren, aber der Fall, der mich beschäftigt, muss sich zwischen 1910 und 1912 abgespielt haben, an einem Nachmittag beim damals sehr berühmten Vater von Virginia Woolf und ihrer Schwester Vanessa (*die* Schönheiten Londons). Der brillante, humoristische, ironische Schriftsteller Lytton Strachey trifft ein zum Tee. Vanessa betritt das Zimmer, gekleidet in ein bezauberndes weißes Sommerkleid. Auf dem Kleid befindet sich ein Fleck, und Strachey spricht das Wort »Sperma« aus. Dies ist das erste Mal, soweit wir wissen, dass das Wort »Sperma« in der Öffentlichkeit, in einem kultivierten, bürgerlichen Kreis, laut ausgesprochen wurde. Das war unvorstellbar. Aber ab dem Zeitpunkt war alles möglich.

Gewisse sprachliche Krisen sind mit der sexuellen Befreiung verbunden, und weiterhin existieren Tabus. Eine interessante Frage wäre: Welche Tabus bestehen heute? Was wäre unrechtmäßig, was wäre verboten?

In *Gedanken dichten* (2011) stellen Sie folgende, für Ihr Werk ausschlaggebende Frage: »Ist die Philosophie das, was nicht gesagt wird?« Wie stellt sich Ihr philosophisches Unterfangen in dieser Dialektik aus Sprache und Schweigen dar?

Mein ganzes Leben lang war ich eifersüchtig auf Mathematiker und Musiker. Warum? Weil sie, wie schon erwähnt, eine wirklich universelle Sprache haben.

Das Problem mit den Sprachen besteht darin, dass wir in jedem Augenblick übersetzen müssen. Wenn ich zu Ihnen spreche, sind wir ununterbrochen dabei, Dinge im Schoß derselben Sprache zu übersetzen: Wir versuchen, einander zu verstehen. Niemand benutzt dieselben Worte auf exakt gleiche Weise. Es gibt ebenso viele Redeweisen wie es menschliche Wesen gibt. Also habe ich mich gefragt: Wie kommt ein Philosoph, der schließlich nach universellen Wahrheiten sucht, mit dem Widerstand der Sprache zurecht? Und da trifft er, glaube ich, auf die großen Schriftsteller. Umgekehrt werden auch jene, die mit der Sprache kämpfen und uns von ihren Kämpfen berichten – jedes Gedicht ist ein Kampf mit den Wörtern –, auf philosophische Probleme stoßen. Ich habe *Gedanken dichten* – ein Buch, über das ich fast mein ganzes Leben lang nachgedacht habe – geschrieben, weil ich sowohl unter Philosophen als auch unter bedeutenden Dichtern gelebt habe.

Frankreich hat eine wunderbare Tradition von Denkern, die zugleich zu den bedeutendsten Schriftstellern zählen, als auch von großen Schriftstellern, die jeder Philosoph berücksichtigen muss. Und da – Sie werden lachen, weil es so altmodisch klingt – berufe ich mich auf das Denken Alains, das für mich immens gegenwärtig bleibt. Er hat gesagt: »Stendhal oder Balzac zu lesen, bedeutet zu philosophieren.«

Man könnte auch an jenen Mann denken, der unsere gesamte Jugend beherrscht hat, Jean-Paul Sartre. Was will Monsieur Sartre? »Ich will Spinoza und Stendhal sein!« Das ist ein fast maßloser Ehrgeiz, aber er ist seinem Ziel ziemlich nahegekommen.

Wie konnte es Jean-Paul Sartre gelingen, dieses beträchtliche philosophische, literarische, intellektuelle und politische Werk zu erschaffen, obwohl er keine andere Sprache außer der französischen sprach? Das wäre ein Gegenbeispiel zu Ihrer Theorie von Babel.

Descartes hat ein großes Werk auf Latein hervorgebracht; Leibniz ebenso. Einsprachig zu sein hindert nicht unbedingt daran, universell zu sein; es ist auch auf literarisches und philosophisches Genie zurückzuführen. Aber Vorsicht! Wer liest die großen philosophischen Wälzer Sartres noch? Und wer hat sie zu jener Zeit gelesen?

Wie viele andere auch gehöre ich zu der Generation, die sie gelesen hat.

Ja, aber im Ausland war das keinesfalls selbstverständlich. Es gibt eine sehr pariserische Seite an Sartres Existenzialismus, einen wunderbar ortsgebundenen Anteil; man könnte antworten, das Lokale ist das Zentrum. Gut, aber sicher ist das nicht. Camus hat zweifellos weltweit einen viel größeren Einfluss gehabt als Sartre. Man vergisst oft, dass *Die Pest* oder *Der Mythos des Sisyphos* in der ganzen Welt übersetzt worden sind, in die orientalischen Sprachen, ins Chinesische, ins Japanische, in die afrikanischen Sprachen ... Da handelt es sich um etwas anderes: um das Genie des Erzählers, des Erschaffers von Mythen.

»Das Problem mit den Sprachen besteht darin, dass wir in jedem Augenblick übersetzen müssen.«

Sie stehen also auf der Seite von Camus in diesem Streit, der die beiden zu Opponenten gemacht hat?

Oh nein, man muss absolut beide lesen! Vor allem aber sollte man Merleau-Ponty lesen, der eine Redlichkeit, eine Integrität des Denkens, eine fundamentale Aufrichtigkeit besaß – was bei Sartre nicht immer der Fall war.

Die Stärke der Mathematik, der Musik, einer bestimmten Form des dichterischen Denkens bestünde also, wenn ich Sie recht verstehe, darin, das Universelle ohne die Vermittlung der Sprache zu erreichen, ohne die Notwendigkeit einer Übersetzung, die es erst allen zugänglich machte? Deutet die Notwendigkeit einer Übersetzung somit auf eine Schwäche hin? Lässt sich im Übrigen alles übersetzen?

Ein bedeutendes Werk sollte sich einer Übersetzung widersetzen, auch wenn es Gegenbeispiele gibt. Wie es scheint, wirkt ein *Hamlet*, der in einer Irrenanstalt oder auf Suaheli aufgeführt wird, stark und überzeugend. Shakespeare lässt sich in alle Sprachen übersetzen.

Die japanischen Shakespeare-Verfilmungen erscheinen mir wichtiger, tiefgründiger als die britischen. Dennoch gibt es Giganten, die unübersetzbar sind. Jeder Russe wird Ihnen sagen: »Sie werden, selbst in der besten Übersetzung, niemals auch nur ein Wort Puschkins verstehen.« Einige bedeutende Dichter und auch Schriftsteller lassen sich sicherlich sehr schlecht übersetzen.

Das große Werk ist jenes, das uns stets und auf geheimnisvolle Weise am Ende der Lektüre sagt: »Noch einmal von vorn. Erster Versuch. Gehen wir's erneut an.« Beckett gelingt es, alles zu sagen – man wird blass vor Neid, wenn man ihn liest –; er sagt: »Man muss besser scheitern *(fail better)*.« Bei jedem neuen Versuch werde ich besser scheitern. Das habe ich meinen Studenten immer gesagt: Versuchen wir, bei unserer nächsten Lektüre besser zu scheitern.

Ich habe gehört, dass Sie Ihren Studenten Shakespeare vorsingen. Stimmt das?

Bei jeder Vorlesung über Shakespeare gilt es zu vermitteln: »Dies ist Theater, meine Damen und Herren.« Shakespeare wäre entsetzt bei dem Gedanken, dass in Universitätsseminaren und Konferenzsälen über ihn doziert wird. Für mich ist er ein begnadeter Schauspieler, ein Drehbuchautor, den das Fernsehen fasziniert hätte. Stellen Sie sich vor, was Shakespeare mit dem Fernsehen angestellt hätte! Er ist ganz klar ein Theatermensch. Er beginnt immer wieder von neuem, inszeniert fünf Versionen derselben Szene etc. Wir lehren ihn auf künstliche Art und Weise. Man müsste ihn Augenblick für Augenblick inszenieren, müsste eine Szene spielen und dann, geruhsam, die möglichen Versionen Wort für Wort durchgehen.

»Versuchen wir, bei unserer nächsten Lektüre besser zu scheitern.«

Ein großer Schauspieler oder auch ein großer Regisseur wie Peter Brook etwa sind seine besten Kritiker. Sie sind die Meister der Shakespeare-Interpretation, nicht die Professoren. Und die dramatische Dimension, die Problematik des Flüchtigen, die der Film mit sich bringt, hätte Shakespeare gewiss nicht abgeschreckt. Die fünfundzwanzigtausend Ausgaben seiner Werke hätten ihn dagegen immens erstaunt.

Alles verändert sich … aber nicht in der Literatur. Alles wird anders an dem Tag, da Beethoven sagt: »Ich bin Beethoven.« Shakespeare hat nie gesagt: »Ich bin Shakespeare«, er war vielleicht der letzte Mensch, der es nicht wusste. Welch glücklicher Mensch! Er wusste es nicht. Beethoven wusste, dass er Beethoven ist. Die *persona creatis*, der Titan, der ausgehend von seinem inneren Genie schöpferisch tätig wird, tritt erst spät auf: Die Romantik hat ihn uns gebracht. Meiner Ansicht nach ist es für uns seit der Romantik sehr schwierig geworden, bedeutende Werke zu verstehen, falls sie anonym sind. »Hat Homer existiert oder nicht?« – eine überflüssige Frage.

Das Werk ist da, und Shakespeare wäre sehr bewegt, sehr glücklich gewesen darüber, dass seine Stücke überlebt haben; aber nicht darüber, als Universalgenie angesehen zu werden. Bei Mozart ist das schon anders: Was dachte Mozart über Mozart? Wir wissen es nicht. Aber hat Beethoven einmal die Bühne betreten, beginnt die *persona* des Genies, des Titanen, wie man ihn nannte, sich durchzusetzen. Man braucht nur nach Paris zu fahren und den Balzac Rodins zu betrachten. Diese unerhörte Statue ist unvorstellbar vor der modernen Entdeckung des Giganten, des gigantischen Prometheus. Von Shakespeare gibt es übrigens kein gelungenes Monument, keine einzige gute Statue. Und die beiden Porträts von ihm gelten nicht als authentisch. Wir wissen nicht, wie er aussah. Das ist faszinierend, aber es war wohl auch die letzte Epoche, in der die Anonymität eines großen Werkes noch möglich war.

»Alles verändert sich … aber nicht in der Literatur.«

Wir sagen und wiederholen immer wieder, das literarische, ästhetische Werk sei einzigartig. Ich bin mir dessen nicht so sicher. Wahrscheinlich stimmt es. Man könnte sich keinen zweiten Rimbaud, keinen zweiten Mallarmé vorstellen. Sind wir erst einmal in der Moderne, mit all ihren kreativen Neurosen, mit Rimbauds Ruf: »Je est un autre«, »Ich ist ein anderer«, können wir nicht mehr wie der Wissenschaftler behaupten: »Wenn ich sie nicht selber mache, wird jemand anders morgen meine Entdeckung machen.« In den Wissenschaften stellt das Kollektiv einen unerhörten Glücksfall dar. Man kann ein durchaus durchschnittlicher Wissenschaftler sein – und glauben Sie mir, davon gibt es viele –, wenn man im richtigen Team ist, fährt die Rolltreppe, fährt der Lift aufwärts. Und nächsten Montag wird man vielleicht etwas wissen, wovon wir an diesem Montag noch keine Ahnung haben. Der Pfeil zeigt in Richtung Zukunft. Für uns, *a contrario*, gehört neunzig Prozent dessen, was wir lehren, der Vergangenheit an.

»GOTT IST DER ONKEL KAFKAS.« VOM BUCH ZU DEN BÜCHERN

Wenn es eine Obsession in all Ihren Büchern gibt, etwas, das sie martert und das Sie beschwören, dann ist es wohl das Buch selbst, die Bedeutung des Buches, die Bedeutung der Kontinuität des Buches innerhalb der Kultur; seine – zugleich alltägliche, geistige und metaphysische – Bedeutung, sein Vermögen, uns stets von neuem zu erquicken, zu beleben. Für Sie gibt es, glaube ich, nur ein einziges Buch.

Das trifft auch auf Mallarmé und andere zu. Offensichtlich bildet die Bibel in der angelsächsischen Kultur die beständige Referenz. Ich begann die Bibel in der großen, *King James* genannten Ausgabe zu lesen. Im Lauf der Jahre habe ich allerdings bemerkt, dass ich die Präsenz des BUCHES im Leben der Menschen bei Weitem überschätzt hatte.

Doch langsam. Wir kennen auf diesem Planeten keine Gesellschaft ohne Musik, keine einzige. Selbst die vom wirtschaftlichen oder politischen Standpunkt aus gesehen rudimentärste Gesellschaft, selbst jene Menschen, die in der Wüste Gobi Hunger leiden, haben Musik; und oft eine sehr komplexe Musik. Doch besitzen nicht alle Völker eine schriftlich festgehaltene Literatur.

Geschriebene Literatur ist sehr selten auf dieser Welt. Die mündlich überlieferte Literatur ist weitaus umfangreicher als die Gesamtheit des Schriftlichen. Homer befindet sich ganz nah bei Flaubert und Joyce.

Zwanzigtausend Jahre vor Homer erzählte man die Geschichten, welche die Grundlagen seines Epos bilden.

Geschrieben wird erst seit kurzer Zeit. Zu schreiben bedeutet, Teil einer vorwiegend europäischen, slawischen und angelsächsischen Hochkultur zu sein, selbstredend mit wichtigen Kapiteln in China und Japan; aber in der gesamten Welt bildete die mündliche Überlieferung stets die natürliche Form der Religionsvermittlung, der erzählten Erinnerung. Man spricht, man sagt: Das Gedächtnis ist die größte Bibliothek.

Historisch betrachtet ist die Schrift jung; literarisches Schrifttum geht zurück bis Gilgamesch – das große epische Gedicht des alten Babylon – und reicht mehr oder minder bis heute. Ich halte es für ungewiss, ob man angesichts der modernen Elektronik, der Informationstechnologien, der elektronischen Archive, deren Speicher das menschliche Gedächtnis, die Grammatiken und Wortschätze millionenfach übertreffen, weiterhin lesen wird.

»Im Lauf der Jahre habe ich allerdings bemerkt, dass ich die Präsenz des BUCHES im Leben der Menschen bei Weitem überschätzt hatte.«

Was macht Ihrer Ansicht nach ein großes Werk, einen großen Text aus? Wie können diese Werke die Zeiten überdauern?

Ein bedeutender Text kann Jahrhunderte warten. Mir fällt dabei der wunderbare Essay Benjamins ein, der sagt: »Es hat keine Eile. Ein großes Gedicht kann fünfhundert Jahre warten, ohne gelesen oder verstanden zu werden.« Seine

Zeit wird kommen, nicht das Gedicht ist in Gefahr, die Leser sind es. Ein großer literarischer Text verkörpert die Möglichkeit einer Erneuerung, einer beständigen Befragung, aber er existiert nicht, um Objekt eines akademischen Seminars oder eines dekonstruktivistischen Artikels zu werden; das hieße die natürlichen Bezüge umzukehren. Shakespeare ist kein Prätext für den kleinen Herrn Steiner, der sein Leben mit dem Versuch verbringt, ihn zu lesen, ihn voller Leidenschaft auszulegen und ständig zu ihm zurückzukehren. Und genau wie bei großer Musik oder bildender Kunst ist das Unerschöpfliche an der Literatur, dass in jedem Augenblick des eigenen Lebens das Werk eine andere Bedeutung annimmt. Daher meine Obsession, meine Leidenschaft – so manchem bin ich damit schon auf die Nerven gegangen – für das Auswendiglernen.

Was man auswendig weiß, kann einem niemand nehmen. Es bleibt in uns, wächst und verwandelt sich. Ein großer Text, den Sie seit dem Lycée kennen, wandelt sich mit Ihnen, mit Ihrem jeweiligen Alter, den Umständen, Sie verstehen ihn anders. Einige sagen, Auswendiglernen sei eine müßige Übung, ein Sprachspiel, was ich nicht glauben kann.

Liegt in dem Koffer, von dem Sie sprachen, der stets geöffnet sein sollte, mit der Möglichkeit, aufzubrechen und andernorts eine neue Existenz aufzubauen, die Bibel? Diese Bibel, die Sie auswendig kennen, über die Sie geschrieben haben, diese Bibel ist auch Träger von Geheimnissen. So kommentieren Sie gern jene Passage, in der Jahwe vor Moses steht und ihm befiehlt, sich umzudrehen und den Leib gegen die Vertiefungen im Fels zu pressen, weil Sie darin eine besondere Bedeutung sehen.

Die Bibel ist voller primitiver und archaischer Anthropomorphismen. Man könnte – dies ist im Übrigen schon gemacht worden – eine Anthologie des Grauens und des Irrwitzes in der Bibel zusammenstellen. Das Buch Josua ist fast unlesbar, es ist voll von rassistischem Hass, militantem Hass etc. In der Bibel kommt alles vor. Auch auf die Gefahr hin, mich lächerlich zu machen, bekenne ich mich dazu, nicht religiös zu sein; wahrscheinlich bin ich Voltairianer – mein Vater war es ebenfalls –, aber ich verstehe nicht, wie gewisse Texte der Bibel entstanden sind. Es gelingt mir einfach nicht ... Ich verstehe nicht, auf welche Weise die Reden Gottes im Buch Ijob, bestimmte Passagen des Buches Jesus Sirach oder auch viele Psalmen ersonnen, vorgetragen, aufgezeichnet worden sind. Muss man sich das so vorstellen, dass es da einen Monsieur gab, der auf sein Mittagessen wartete oder seinen Tee trank, nachdem er die Rede Gottes in Ijob verfasst hatte? Ich sehe keine Alternative: Ein Mann oder eine Frau, eine Frau oder ein Mann hat diesen Text verfasst. Und doch verstehe ich es nicht. Und ich beneide die Fundamentalisten, für die dieses Problem nicht existiert, für sie ist es ein Diktat der Stimme Gottes. Ich weiß, es klingt absurd, aber für einige dieser Passagen gelingt es mir nicht, eine vernünftige, erkenntnismäßige Analyse, eine Texterläuterung von auch nur geringstem Wert zu erstellen. Im Neuen Testament haben die Kapitel 9 bis 12 im Römerbrief des heiligen Paulus (des größten jüdischen Journalisten in der Geschichte des jüdischen Journalismus), die eine wunderbare Geschichte erzählen, zu Tausenden und Abertausenden Interpretationen Anlass gegeben, die jedes Mal die Problematik der menschlichen Präsenz auf Erden erneut aufwerfen. Aber ich schweige dazu, weil ich von neuem den Fundamentalisten höre, der sagt: »Das geschah unter göttlicher Eingebung«, wie auch der heilige Johannes auf Patmos sagte: »Es ist die Stimme Gottes, die spricht.« Also habe ich keine Antwort. Selbst Heidegger kann mir hier nicht weiterhelfen, mit seiner Unmittelbarkeit einer

Sprache, die mit einem »Sein des Seins« in Verbindung stünde, das wir seit den Vorsokratikern verloren hätten.

Danke, Monsieur Heidegger, aber das ist doch ein Witz, denn das, wovon wir hier sprechen, reicht siebentausend Jahre zurück, was in der psychobiologischen Geschichte des Menschen weniger als ein Augenzwinkern darstellt. Es gibt keinerlei Spur, die erkennen ließe, dass unser Sprachcharakter, unsere Sprachseele sich geändert hätte, dass in einem bestimmten Augenblick die Sonne des Seins, wie er sie nennt, untergegangen wäre.

Ich bin also, was diese Frage betrifft, übersensibel. Aber ich stelle sie mir weiterhin, weil es im Alten und im Neuen Testament Momente gibt, die mir – um den naivsten Begriff zu benutzen – übermenschlich erscheinen.

»Das Unerschöpfliche an der Literatur ist, dass in jedem Augenblick des eigenen Lebens das Werk eine andere Bedeutung annimmt.«

Und Sie lesen die Bibel regelmäßig?

Ja, weil sie so unvergleichliche Poesie, so viel Ironie … und Unverständliches enthält. Im Buch Jesus Sirach eignet sich fast jeder Satz als Sprichwort, und jedes Sprichwort birgt in sich ein ganzes Werk. Ich liebe die kafkaesken Ironien, die Scherze, die Gott sich erlaubt, wenn Jonas vor Zorn platzt: »Du hast mir gesagt, ich solle nach Ninive aufbrechen und verkünden, dass alle umkommen würden. Du änderst deine Meinung, und ich finde mich hier wieder wie ein Idiot, der sich geirrt hat. Wie kannst du mir das antun?« Aber das ist doch wundervoll! Das ist der Ausruf eines jeden Mandarins, jedes Bonzen, Professors oder Mitglieds der Académie française. Da haben wir, seit ihren Anfängen, die Egomanie des menschlichen Intellekts vor uns, und Gott macht sich über ihn lustig und vergibt dem Volk von Ninive. Welch Humor! Jonas' Aufschrei, sein Zorn darüber, nackt dazustehen, weil das Kassandra-Geschäft nicht mehr läuft. In der Bibel gibt es sehr viele Momente – nicht des Lachens, nein, des Lächelns. Und meiner Ansicht nach ist das Lächeln sehr viel interessanter und komplizierter als das Lachen.

Die Bibel ist ganz und gar unerschöpflich. Selbst gewisse historische Abschnitte lese ich immer wieder gern. Nehmen Sie etwa den Besuch Sauls bei der alten Seherin in Andorra; nachdem sie ihm und seinem Adjutanten Katastrophe und Tod vorausgesagt hat, schließt die Episode mit den einfachen Worten: »Und sie verschwanden in der Nacht.« Danach kommt die gesamte westliche Literatur, kommt *Macbeth* … Jedes Mal wenn ich eine Episode wiederaufnehme, sage ich mir: »Aber da gibt es ja etwas Neues!« Ein Dokument von immensem Reichtum. Auch deswegen bin ich so betrübt über die heutige Erziehung – die ich als geplante Amnesie bezeichnen würde –, weil die Bibel immer weniger gelesen wird, immer weniger bekannt ist; oder sie wird als Katechismus gelehrt – was natürlich noch schlimmer ist. Wir vergessen, in welchem Ausmaß wir Kinder dieses Textes sind, vergessen seine Bedeutung innerhalb der westlichen Geschichte.

Sie spielten eben auf die ungewisse Zukunft des Lesens an. Glauben Sie, dass die Zukunft des Buches, des Lesens gefährdet ist?

Leser wird es immer geben. Im Mittelalter boten während der Invasion der »Barbaren« die Klöster eine Zuflucht, wo man weiterhin des Lesens kundig war. Wir wissen nicht, wie viele Mönche lesen konnten, aber es gab sie; sehr wenige hingegen waren in der Lage zu schreiben.

»Leser wird es immer geben.«

Des Lesens und Schreibens kundig zu sein, ist jedoch ein fragiler Zustand, dessen Glanzzeiten, dessen Sternstunden die Renaissance, die Aufklärung und das neunzehnte Jahrhundert bilden. Die Privatbibliothek – ich denke da an Montaigne, an Erasmus oder Montesquieu – wird zu einem seltenen Luxus. Die moderne Wohnung erlaubt keine großen Bibliotheken mehr. Sie sind die Ausnahme geworden. In England schließen heutzutage die kleinen Buchläden einer nach dem anderen – ein Albtraum. In Italien, einem Land, das ich liebe, gibt es zwischen Mailand und Bari im Süden nur noch Kioske, keine ernst zu nehmenden Buchhandlungen mehr. In Italien liest man nicht. In Spanien oder im ländlichen Portugal wird sehr wenig gelesen. Dort, wo der Katholizismus herrschte, war die Lektüre noch nie willkommen.

Die Lektüre, die ein Merkmal – ich wage das Wort – des Großbürgertums ist, das Ideal der Lektüre, die Erziehung zur Lektüre haben sich schnell entwickelt und in bestimmten Epochen wahre Wunder erlebt. Im neunzehnten Jahrhundert etwa waren manche der heutigen Klassiker (Victor Hugo, Dickens) Bestseller. In Russland hieß lesen, menschlich und politisch zu überleben; in den despotisch regierten und den politisch »rückständigen« Ländern ist das Verhältnis zwischen Zensur und großer Literatur komplex und kreativ.

Heute sagt man mir, junge Menschen läsen nicht mehr, oder sie läsen höchstens Auszüge und Comics. Unsere Examen, selbst die akademischen, basieren mehr oder minder auf Textauszügen, auf Anthologien, auf gekürzten Ausgaben. Das Wort *Reader's Digest*, das die Welt überzogen hat, ist doch furchtbar. Da wird etwas verdaut. Jemand anders kaut Ihnen die Nahrung vor und verdaut sie. Die Höflichkeit verbietet mir zu sagen, an welchem Ende das wieder herauskommt. Ich werde vulgär. Nun gut.

Die Lektüre verlangt bestimmte spezifische Voraussetzungen. Darauf wird nicht genug geachtet. Zuerst einmal verlangt sie viel Stille. Stille ist zum kostbarsten, luxuriösesten Gut der Welt geworden. In unseren Städten (die inzwischen vierundzwanzig Stunden am Tag in Betrieb sind: New York, Chicago oder London leben nachts genau wie tagsüber) ist die Stille Gold wert.

Ich will Amerika nicht angreifen; meine Kinder und Enkel leben dort. Es ist, ach, die Zukunft des Menschen. Ich will niemanden attackieren. Statistiker sind aufrichtiger als wir. Was sagen die jüngsten Zahlen? Fünfundachtzig Prozent der Jugendlichen können nicht mehr lesen, ohne dass gleichzeitig Musik läuft; das führt zu dem »Flicker Effect«, wie Psychologen es nennen, zu Lichtbündelungen: Der Fernseher ist präsent, ist eingeschaltet, am Rande des Blickfelds, während man vorgibt zu lesen. Niemand kann unter solchen Bedingungen einen ernsthaften Text lesen. Nur in der Stille, einer möglichst absoluten Stille, kann man eine Seite von Pascal, Baudelaire, Proust oder wem auch immer lesen.

Die zweite Bedingung: eine gewisse Privatsphäre. Im Haus ein Zimmer, selbst wenn es klein ist, wo man mit dem

Buch allein sein kann, wo man in diesen Dialog eintreten kann, ohne dass andere sich im selben Raum befinden. Das wird selten verstanden. Das Wunderbare an der Musik ist, dass man zu mehreren Anteil nehmen kann. Man kann in einer Gruppe zuhören, zusammen mit geliebten Menschen, in Gesellschaft von Freunden. Die Musik ist die Sprache der Anteilnahme, nicht die Lektüre. Gewiss, man kann laut lesen, das sollte man viel öfter tun. Es ist ein Skandal, dass das Vorlesen – ob nun Kindern oder Erwachsenen – vom Aussterben bedroht ist! Die großen Texte des neunzehnten Jahrhunderts sind für das Vorlesen geschrieben worden, ich könnte es Ihnen beweisen: Es gibt bei Balzac, bei Hugo, bei George Sand ganze Seiten, deren Kadenz, deren strukturierter Rhythmus einen mündlichen Vortrag erfordern, den es zu erhören, zu ergreifen gilt. Ich hatte das große Glück, dass mein Vater mir vorgelesen hat, bevor ich überhaupt verstand (das ist das Geheimnis), bevor ich den Inhalt des Vorgelesenen gänzlich erfassen konnte.

»Über eine Sammlung von Büchern zu verfügen, die Ihnen gehören, die nicht ausgeliehen sind, ist von entscheidender Bedeutung.«

Stille also, und Privatsphäre. Und als Drittes gilt es – eine äußerst elitäre Bemerkung (aber ich liebe das Wort »Elite«; es besagt, dass gewisse Dinge besser sind als andere; nichts anderes will es sagen) –, im *Besitz* von Büchern zu sein. Die großen öffentlichen Bibliotheken bildeten die Grundlage der Erziehung und der Kultur des neunzehnten Jahrhunderts sowie vieler Geister des zwanzigsten Jahrhunderts. Aber über eine Sammlung von Büchern zu verfügen, die Ihnen gehören, die nicht ausgeliehen sind, ist von entscheidender Bedeutung. Warum? Weil man beim Lesen unbedingt einen Bleistift in der Hand haben muss.

Ich glaube, Sie unterscheiden die Menschheit in zwei Gruppen: jene, die mit gezücktem Bleistift lesen, und jene ohne Bleistift.

Ja, und ich wiederhole es noch einmal: Man könnte den Juden fast definieren als denjenigen, der mit dem Stift in der Hand liest, weil er davon überzeugt ist, dass er ein besseres Buch schreiben könnte als das, was er gerade liest. Das ist eine der großen Anmaßungen meines kleinen tragischen Volkes.

Man muss sich Notizen machen, unterstreichen, mit dem Text kämpfen, an den Rand schreiben: »So eine Dummheit! Was für Ideen!« Es gibt nichts Faszinierenderes als die Randnotizen großer Schriftsteller. Sie sind lebendige Dialoge. Erasmus hat gesagt: »Wer keine zerrissenen Bücher besitzt, hat sie nicht gelesen.« Das gilt *in extremis*, aber darin liegt eine tiefe Wahrheit verborgen. Ein Gesamtwerk zu besitzen heißt, einen Gast bei sich zu haben, dem man dankt und dessen Schwächen man zugleich verzeiht oder sogar liebt. Und Jahre später ist man versucht, aus Snobismus oder Arroganz heraus, die Spuren unzulänglicher Lektüren oder fehlerhafter Interpretationen zu tilgen. Welch Dummheit! Als mein Vater mir an der Seine *Les Trophées* von José Maria de Heredia kaufte – sie kosteten einige Sous, niemand wollte sie –, taten sich für mich die Pforten der Poesie auf. Meine erste Heredia-Ausgabe steht hier im Regal, ich besitze sie immer noch. Noch immer fühle ich mich diesem sehr affektierten, pompösen, akademischen Herrn, der nichtsdestotrotz ein großer Dichter ist, sehr verpflichtet. Die Entdeckung eines Buches kann ein Leben verändern. Folgende Anekdote habe ich schon oft erzählt: Ich befinde mich am Frankfurter Hauptbahnhof, wo ich umsteigen muss. Und weil ich in Deutschland bin, gibt es an den Kiosken gute Bücher – mein Blick fällt auf ein Buch, dessen Autor ich nicht kenne: CELAN. Der Name Paul Celan macht mich neugierig. Ich öffne das Buch und stoße auf diesen ersten Satz: »In den Flüssen nördlich der Zukunft …« Fast hätte ich meinen Zug verpasst. Das hat mein Leben verändert. Ich spürte, dass da eine Unermesslichkeit Teil meines Lebens werden würde.

*»Man muss sich Notizen machen,
unterstreichen, mit dem Text kämpfen,
an den Rand schreiben: ›So eine
Dummheit! Was für Ideen!‹«*

Die Erfahrung des Buches gehört zu den gefährlichsten, faszinierendsten Erlebnissen überhaupt. Das Buch kann natürlich auch verderben; das nicht offen zuzugeben wäre Heuchelei. Bücher können Lektionen in Sadismus, politischer Grausamkeit, Rassismus enthalten. Und da ich glaube, dass Gott der Onkel Kafkas ist (davon bin ich fest überzeugt), macht er uns das Leben nicht eben leicht. Kurz vor seinem Tod soll Sartre – der wahrlich nur ungern Komplimente machte! – gesagt haben: »Es gibt nur einen unter uns, der überleben wird: Céline.« Proust und Céline teilen das moderne Französisch unter sich auf, neben ihnen gibt es keinen Dritten. Und darüber, dass Gott diesem antisemitischen Killer, diesem Hooligan, diesem Seelenräuber, der er als Schriftsteller war (aber nicht in seinem Privatleben, was die Sache noch komplizierter macht), erlaubte, eine neue Sprache zu schaffen und *Von einem Schloss zum andern* und *Norden* zu schreiben (meiner Ansicht nach zwei Meisterwerke shakespeareschen Ausmaßes), macht mich sehr unglücklich; dankbar und zornig zugleich. Und ich versuche, bestimmte Bücher voll zerstörerischen Giftes von mir fernzuhalten.

Ich bin gegen jegliche Form der Zensur. Aus offensichtlich politischen, aber auch aus praktischen Gründen. Der Zensor hat letztlich keine Autorität. Betrachten Sie zum Beispiel jene Form der Pädophilie im Kino, im Fernsehen, in der Literatur und den Comics, die zurzeit wütet. Für mich ist jemand, der sich an Kindern vergreift, verdammt. Verdammt im vollen theologischen, menschlichen, moralischen, positivistischen, wissenschaftlichen Sinne. In diesem Falle ginge ich vielleicht das schwerwiegende Risiko einer Zensur ein. Aber es würde nicht funktionieren, sondern nur von absoluter Dummheit zeugen: Sie zensieren eine Sache, und daraufhin zirkulieren zehn Millionen Exemplare im Verborgenen. Der pornographische Samisdat ist seit Adam und Eva Teil unserer Geschichte. Doch würde ich zumindest versuchen, diese entsetzliche Welle an Grausamkeiten, die sich über die Jugend ergießt, einzudämmen. Eine unvorstellbare Sintflut.

Die im Übrigen heutzutage eher in Form von Bildern als in Worten daherkommt.

Mit Hilfe von Sprache zu masturbieren ist weitaus wirkungsvoller. Für einige ist das Wort eindrucksvoller als das Bild; für viele andere ist es das Bild oder eine Kombination von beiden. Mein Vater hatte mit dämonischer Intelligenz die Proust-Gesamtausgabe ein wenig zu hoch im Regal platziert. Er wusste, dass ich sie mir von dort holen würde. Natürlich habe ich genau das getan. Der Schock kam dann, als ich versuchte, den Begriff *faire cattleya* zu verstehen, der Swanns gesamte, auf Odette gerichtete Libido zum Ausdruck bringt. Meine Welt geriet ins Wanken. Kein Bild hätte diese Macht haben können, gerade weil ich diesen Begriff nicht richtig verstand. Was ich mir unter dem Wort *cattleya* vorstellte, möchte ich lieber nicht sagen …

»Die Entdeckung eines Buches kann ein Leben verändern.«

Aber ja doch! Nur zu!

Ich hatte eine reiche Phantasie, die Phantasie des Kindes. Ich stellte mir eine Art düsteres Märchen vor, wenn Sie so wollen. Auf diesem Gebiet hat jeder seine eigene Sensibilität. Ich möchte noch eine gewichtige Frage hinzufügen, die wir offenlassen müssen, weil ich keine Ahnung habe, wie sie sich beantworten ließe: Kann die Musik Sadismus in Perversion verwandeln? Eine schwer zu beantwortende Frage.

Um zurück zur Lektüre zu kommen: Wenn Sie zum Beispiel Texte von Platon oder Parmenides lesen – soviel ich weiß, lesen Sie Parmenides jeden Morgen –, entspricht dann Ihre Methode der unablässigen Lektüre – als wäre ein Text niemals ganz erschließbar – einer talmudischen Vorgehensweise?

Das Erstaunen erneuert sich unablässig. Wir haben schon über bestimmte biblische Texte gesprochen, wir könnten auch von platonischen Texten sprechen oder von Descartes' *Méditations*; man staunt darüber, dass ein Mensch, mehr oder minder wie Sie und ich, es vermag, nicht nur zu denken, sondern auch seinen Gedanken Ausdruck zu verleihen. Wir wissen nichts über die Milliarden von Gedanken, die mangels Ausdrucksmöglichkeit auf immer verloren sind. Aber gleichzeitig frage ich mich oft, ob diese ständige Rückkehr in die Vergangenheit nicht ein Zeichen des Alterns, Anzeichen einer gewissen Müdigkeit ist. Denn bedeutende poststrukturalistische, postderridasche Texte entgehen mir; ich weiß nicht, wovon sie handeln, was darin erzählt wird, und das ist ein schlechtes Zeichen; ein Zeichen dafür, dass gewisse Aufmerksamkeitsmuskeln erschlaffen. Denn Aufmerksamkeit ist neurophysiologisch bedingt, darüber bestehen kaum Zweifel. Die Konzentration bröckelt langsam ab. Aber das macht nichts, ich habe wunderbare Momente erlebt.

Lektüre scheint für Sie eine Art permanenter Versuch zu sein, mit sich selbst übereinzustimmen, woran Sie oft scheitern; zugleich stellt die Lektüre eine Art moralischer Pflicht dar. In den *Logokraten* sagen Sie, dass wir den Büchern gegenüber eine Verantwortung haben. Wie muss man sich diese Verantwortung vorstellen?

Zuerst einmal geht es darum, die Bücher zu erhalten, im rein physischen Sinne. Beim Brand der Bibliothek von Sarajevo haben wir eintausendsechshundert Inkunabeln, Manuskripte, die noch niemals reproduziert worden waren, auf immer verloren. Mit der sogenannten Bibel der Albigenser ist vielleicht eines der bedeutendsten Werke über menschliche Wahrheit verlorengegangen. Wir wissen nichts darüber und werden sie wohl niemals wiederfinden. Es handelt sich also zuallererst darum, das Überleben der Bücher zu sichern.

Zweitens betrifft unsere Verantwortung das, was Rilke in seinem großen Sonett über den archaischen Torso Apollons im Louvre sagt: »Betrachte diesen Torso. Was sagt er dir? Ändere dein Leben!« Das Buch, die Musik oder das Gemälde sagen mir: »Ändere dein Leben! Nimm mich ernst. Ich bin nicht da, um dein Leben leichter zu machen.« Kafka sagt uns ebenfalls, dass ein Buch einer Axt gleichen muss, die das Eismeer in uns aufbricht; ansonsten sei es der Lektüre nicht wert. Das ist übertrieben; bisweilen sollte man auch leichte Bücher lesen, schöne Bücher, die uns ein wenig trösten. Aber wichtig ist, einem Buch zu antworten, in jenem Dialog, von dem wir schon sprachen. Das wird jedoch immer schwieriger. Ich will Ihnen eine Zahl nennen, die mich frösteln lässt: In Londoner Buchläden hat ein Debütroman neunzehn Tage Zeit, um zu überleben. Hat er nach neunzehn Tagen keine Auswirkungen in der Presse, den Medien gezeigt, bleibt der große Erfolg aus, dann heißt es: »Es tut uns leid, wir haben keinen Platz dafür.« Man schickt ihn zurück, man stampft ihn ein, er wird verramscht, oder er liegt am Boden, wird mit Füßen getreten.

»Wir haben somit eine große Verantwortung gegenüber dem Buch, diesem Wunder.«

Heutzutage, das brauche ich Ihnen nicht zu sagen, geht man als junger Schriftsteller, Dichter oder Romancier ein enormes Risiko ein. Man braucht Nerven aus Stahl. Das Meisterwerk tritt zumeist nur sehr, sehr langsam in den Vordergrund. Stendhal wird oft zitiert: »Ich werde hundert Jahre brauchen.« Er hatte recht, er hatte Vertrauen in sein Werk. Das größte Privileg des Kritikers, des Professors besteht darin, wiederzuentdecken, was in Vergessenheit geraten ist. Wir haben somit eine große Verantwortung gegenüber dem Buch, diesem Wunder, und im Kampf gegen die völlige Kommerzialisierung. Politische Zensur oder durch Geld und Markt bedingte Zensur – was ist schlimmer?

Das Mysterium jedweder Schöpfung, das Bedürfnis nach Transzendenz, das mit ihr einhergeht, stellt wohl, wie Sie oft und gern betonen, das Verbindungsglied zwischen dem BUCH und den Büchern dar?

Wer schöpferisch tätig ist, weiß weder, warum er es ist, noch wie er zuwege geht. Was löst eine Schöpfung dieser Größenordnung aus? Ich wüsste es nicht. Gott bewahre uns bei dieser Thematik vor der Vulgarität der Neurophysiologen; die Biologen werden uns nicht mittels des Zusammenspiels der Synapsen erklären können, woher der Glanz, der Lichtblitz der Schöpfung stammt.

In einem Kindergarten in Bern führte man die Kleinen im Alter von fünf oder sechs Jahren zum rituellen Picknick aus. Man platzierte sie vor ein Aquädukt und sagte ihnen: »Zeichnet das Aquädukt!« Großer Gott, welch eine Schikane! Eines der Kinder zeichnete das Aquädukt und beschuhte alle Pfeiler; seitdem – das Kind war sechs Jahre alt – sind alle Aquädukte der Welt unterwegs. Es hieß Paul Klee.

Gleiches gilt für van Goghs Zypressen: Es gibt keine Zypresse mehr, die nicht eine Fackel wäre. Er hat als Erster gesehen, dass Zypressen Fackeln sind. Oder Mozart, der bei einer hübschen Melodie Salieris drei Akkorde auswechselte und daraus ein grandioses Werk machte. Das ist schreiend ungerecht.

Hier liegt der Unterschied, den ich sofort erkenne und meinen Studenten beizubringen suche. Ich sage ihnen: »Wenn ihr zu Schöpfern würdet, wäre dies meine größte Freude.« In zweiundfünfzig Jahren habe ich vier Studenten gehabt, die weitaus begabter, weitaus intelligenter und fähiger waren als ich, und dies ist mein schönster Lohn.

Vielleicht wird es eines Tages – und ich hoffe, es kommt nicht dazu – eine Neurochemie des Schöpferischen geben: Dann wird man verstehen, welche elektrischen Strömungen im Hirn eines Picasso die von ihm ausgelöste Revolution ermöglichten. Bis heute – und hoffentlich auch weiterhin – bleibt es ein Geheimnis.

»Ich sage ihnen: ›Wenn ihr zu Schöpfern würdet, wäre dies meine größte Freude.‹«

Wenn man Sie liest, Ihnen zuhört, hat man bisweilen den Eindruck, die Zivilisation höre, was eine umfassende Wahrnehmung der Möglichkeiten des Menschen, seinen Einklang mit sich selbst und seinen Sinn für Schönheit betrifft, mit dem siebzehnten Jahrhundert auf.

Im Gegenteil; als Kritiker habe ich den modernsten Schriftstellern Tür und Tor geöffnet, habe etwa Paul Celan in England bekannt gemacht. Ich habe immer das Neueste gelesen, versucht, ihm den Weg zu bahnen. Eines jedoch ist sicher: Eine Zivilisation ohne die Möglichkeit der Transzendenz –

die Nietzsche als das *mysterium tremendum* des Menschen bezeichnet, die Heidegger (mit großem Vorbehalt) zu denken versucht –, eine Zivilisation, in der man nicht mehr wie Wittgenstein sagen kann: »Wäre es mir möglich gewesen, ich hätte meine philosophischen Untersuchungen Gott gewidmet«, eine Zivilisation, die diese Möglichkeiten verlöre, wäre meiner Ansicht nach in großer Gefahr.

DIE WISSENSCHAFTEN VOM MENSCHEN KÖNNEN ZUR UNMENSCHLICHKEIT BEITRAGEN. DAS ZWANZIGSTE JAHRHUNDERT HAT DEN MENSCHEN MORALISCH VERARMT.

Unter den Anfang des letzten Jahrhunderts entstandenen Geisteswissenschaften gibt es einen Zweig, der bei Ihnen harsche Kritik hervorruft: Sie haben eine sakrosankte Abneigung gegen die Psychoanalyse, insbesondere gegenüber dem Werk Sigmund Freuds. Könnten Sie Ihr Verhältnis zur Psychoanalyse erhellen?

Ihre Frage ist zuerst einmal urfranzösisch. In England schert man sich nicht darum. Und das sagt einiges, denn England hat gegenüber Frankreich einen großen Vorsprung in den Wissenschaften. Ihre Frage ist ausgesprochen pariserisch. Eigentlich wird die Psychoanalyse nur in zwei Städten ernst genommen: Paris und New York. Dafür gibt es sehr interessante soziologische Gründe.

Für mich ist Freud einer der großen deutschsprachigen Schriftsteller, nicht umsonst hat er den Goethepreis, einen Literaturpreis, erhalten. Er ist ein großer Mythenerzähler und Freund der großbürgerlichen Jüdinnen im Wien seiner Zeit. Aber seitdem hat niemand mehr jemanden getroffen, der dem sogenannten Patienten Freuds ähnelt. Noch ist niemand von der Psychoanalyse geheilt worden. Im Gegenteil, wie Karl Kraus sagte: »Es ist die einzige Krankheit, die ihre eigene Heilung erfindet.« Gut. Das ist Spott auf einem gewissen Niveau.

Meiner Ansicht nach besteht die Würde des Mannes und der Frau – daher mein Buch über Antigone – in der Kraft, die eigenen Ängste zu ertragen. Für mich macht der Gedanke, sie gegen Bezahlung in die Hände eines anderen Menschen zu legen, keinen Sinn … Ich halte es mit Sokrates: Wäre er für seine Lehren bezahlt worden, hätte ihn dies mit Grausen erfüllt. Seinen Sack zu leeren, wie man im Französischen sagt, sein Herz in die Hände eines anderen auszuschütten, und zwar gegen Geld, lässt mir die Haare zu Berge stehen. Für mich bedeutet das, sich auf eine in meinen Augen unentschuldbare Art und Weise ernst zu nehmen. Im Übrigen betreibt man in den Todeslagern, bei Bombardierungen oder auf den Schlachtfeldern, während des wirklichen Horrors also, keine Psychoanalyse; man findet in sich selbst fast unbegrenzte Kräfte, fast unbegrenzte Ressourcen menschlicher Würde. Die Absolution erhalten ohne Gott – das ist ein Witz: eine Beichte, aber ohne Priester … Wer an Gott glaubt, kann zumindest sagen, dass Gott es sei, der ihm zuhöre. Das ist nicht zu verachten, und Gott lässt sich nicht stundenweise, oder wie Lacan fünfminutenweise, bezahlen. So ist es doch, nicht wahr? Nur in Frankreich, dem Land der *Précieuses ridicules*[9], kann man sich solche Scherze erlauben.

Das menschliche Leid, dieser Schrecken, dieses Mysterium, gibt uns, wie ich glaube, unsere Würde. Ist es nicht verblüffend, dass die französische Sprache kein Wort für *privacy* (die Privatsphäre im Schoß der Seele; die Tatsache, ein inneres, privates Leben zu besitzen) kennt? *Privauté*[10] ist ein altes, nicht mehr benutztes Wort und besagt heute nicht mehr dasselbe wie *privacy*.

9 Komödie in einem Akt von Molière, uraufgeführt im November 1659 in Paris.

10 *privauté:* sich Freiheiten, Vertraulichkeiten herausnehmen.

Und *intimité* auch nicht?

Oh nein, denn *privacy* bedeutet den anderen: »Lasst mich in Ruhe!« Es definiert, wenn man leidet, eine Verantwortung sich selbst gegenüber. Glauben Sie mir, ich habe mit aller Macht versucht, meine Maman zu begehren und meinen Vater als Feind zu sehen, ich hab's versucht, und es hat überhaupt nicht funktioniert. Kein Begehren meiner Maman.

Ist das ein jüdischer Witz, den Sie uns da erzählen?

Bis an sein Lebensende war mein Vater mein bester Freund. Und jetzt ist mein Sohn mein bester Freund … auch wenn wir in so gut wie keinem Punkt übereinstimmen; gerade unsere Meinungsverschiedenheiten über Politik und Gesellschaft zementieren unsere Liebe, und wir lachen zusammen darüber. Für mich entstammt der Begriff des Ödipus-Komplexes einer irrigen Lektüre des Sophokles. All das funktioniert nicht, es ist reine Erfindung. Ich hab's versucht, aber es gelingt mir nicht, daran zu glauben. Und dieser Ausdruck *faire son œdipe* existiert nur im Französischen. Welch hohle, anmaßende Phrase. Nein, ich habe »meinen Ödipus-Komplex nicht durchgearbeitet«. Es geht nicht darum zu leugnen, dass Freud, dieser Riese – natürlich war er ein Geistesriese –, unsere Kultur tiefgreifend verändert hat. Aber wenn es heutzutage kein Privatleben mehr gibt, man sein Sexualleben vor aller Welt preisgibt, wenn es Fernsehprogramme gibt, in denen nackte Männer und Frauen vor einem Millionenpublikum den Geschlechtsakt vollziehen, wenn Beichte und Bekenntnis zu Bedingungen für den Diskurs geworden sind, dann ist Freud in großem Maße dafür verantwortlich. Was wiederum der Ironie nicht entbehrt, war er doch durch und durch Puritaner. Er war ein jüdischer Großbürger par excellence. Man darf nicht vergessen, dass er seiner Frau schrieb, ab dem Alter von fünfundvierzig Jahren sollte es kein Sexualleben mehr geben, das sei unschicklich. Und was ist sein bedeutendster Ausspruch? 1938, im englischen Exil, inmitten der Schrecken des Verfalls seiner Zivilisation, ruft er aus: »Was wollen die Frauen?« Worauf ich antworten könnte, aber das wäre ein weiterer ausufernder jüdischer Witz: Welch ein Umweg, um schließlich dort anzukommen! Das will nicht heißen, dass ich ihn nicht mit Dankbarkeit und Leidenschaft lese. Aber der Gedanke, jemanden aufzusuchen, um ihm meinen Müll zu erzählen: nein danke.

»Bis an sein Lebensende war mein Vater mein bester Freund.«

Sei's drum, die Theorie des Unbewussten hat Sie niemals überzeugt. Und doch fand ich – ob es an Ihrem fortgeschrittenen Alter liegt? –, dass Sie in *Gedanken dichten* Freud gegenüber nicht mehr so streng waren. Offensichtlich haben Sie ihn in letzter Zeit wieder gelesen, insbesondere *Jenseits des Lustprinzips*, und letztlich stoßen Sie dort auf Verständnispfade, die Ihnen dabei helfen, die Furcht vor dem Nichts oder gewisse von Kierkegaard erhellte philosophische Begriffe besser zu begreifen. Ich habe den Eindruck, Ihr Verhältnis zu Freud hat inzwischen versöhnlichere Züge angenommen.

Warten Sie, noch etwas, um Sie zu necken, aber trotzdem etwas Wichtiges, da es sich um Träume handelt. Dass es unbewusste sexuelle Elemente in unseren Träumen gibt, ist sicherlich richtig – und Freud hat das große Verdienst, deren Spuren und Mäander aufgedeckt zu haben. Aber ich werde Ihnen ein Beispiel von Tausenden dafür geben, dass politische oder zufällige Umstände eine noch größere Rolle spielen. Die Anekdote hat eine Ärztin 1933 oder 1934 in Berlin in ihren Papieren festgehalten. Ein Patient kommt zu ihr und sagt: »Ich weiß nicht, was es ist, aber es gelingt mir nicht mehr, den rechten Arm zu heben. Es ist furchtbar.« Die Ärztin bittet Freud um Rat und hört ihn sagen, es handle sich um einen klassischen Fall von Kastrationsangst. Dabei handelte es sich einfach nur um die Furcht, auf der Straße den Hitlergruß ausführen zu müssen, das war offensichtlich. Und als die Ärztin dies verstanden hatte, sagte sie zu ihrem Patienten: »Studieren Sie Descartes' große Träume.« Also in der Geschichte, in der Materie des Alltags verankerte Träume. Das hat rein gar nichts mit dem Wunsch zu tun, mit der eigenen Mutter zu schlafen.

In vielen Ihrer Bücher entwickeln Sie eine Theorie des Bedeutungswandels des Begriffes »Menschlichkeit«. In *Von realer Gegenwart* sagen Sie, dass wir in einer Epoche menschlichen Gnadenverfalls leben. Was verstehen Sie darunter?

Als Pol Pot in Kambodscha buchstäblich hunderttausend Männer, Frauen und Kinder lebendig begrub, hat die Welt nichts unternommen, stellen Sie sich das bloß vor. Obwohl es bekannt war, hat England Waffen an die Roten Khmer verkauft. Über Auschwitz wusste man nicht Bescheid; nur sehr wenige hatten davon Kenntnis. Aber hier wusste die Welt davon, jeden Abend war es auf dem Bildschirm zu sehen. In einer Welt, in der man den Gulag und Auschwitz errichtet hat – die Zahl der Opfer Stalins und Lenins wird auf siebzig Millionen geschätzt –, ist die Schwelle des

Menschlichen, das Minimum dessen, was zum Menschsein gehört, gesunken, deutlich gesunken. Als Beleg dafür eine einfache Feststellung: Keine der von Fernsehen und Radio verbreiteten Informationen über neue Gräueltaten scheint uns unglaubwürdig. Und dass dies ein neuartiges Phänomen ist, lässt sich beweisen. Als man erzählte, dass die Deutschen 1914 und 1915 den Belgiern die Hände abgeschlagen hätten, wusste man eine Woche später, dass es sich um eine üble Propagandalüge handelte. Heute gibt es nichts, was man nicht glauben würde. Zwar könnte es sein, dass die Gräuel sich letztlich als erfunden erweisen. Aber *a priori* sagt man: »Sieh da! Ja ... und morgen wird es noch schlimmer sein.« Wir müssen gar nicht erst darüber sprechen, welche Rolle wir in Ruanda und an vielen anderen Orten gespielt haben ... In Indonesien geschehen jeden Tag Massaker; in Birma ist die Lage der Kinder, Frauen und Männer erschreckend. Es gibt heutzutage mehr Kindersklaven als in jeder anderen Epoche der Menschheit. In den chinesischen, pakistanischen und indischen Fabriken arbeiten Abermillionen von Kindern im Alter von neun bis zehn Jahren, täglich vierzehn Stunden lang. Und wir tun nichts dagegen. Das verstehe ich darunter, wenn ich sage, dass die Schwelle des Menschseins gesunken ist.

Die den Menschen eingeschriebene Barbarei war das Thema meines allerersten Essays. Ich war achtzehn Jahre alt, glaube ich. Er trug den Titel *Über das traurige Wunder*: Abends spielt man Schubert, singt Mozart, und morgens foltert man in Auschwitz, Bergen-Belsen oder Majdanek. Anfangs verstand ich das nicht, suchte nach Hilfe für ein besseres Verständnis, studierte sämtliche Antworten auf diese Frage. Der englische Pragmatismus, dieser ein wenig brutale, ein wenig naive, aber durchaus gesunde Menschenverstand behauptet, dass man aus jedem Menschen sehr schnell einen Folterer machen kann. Zum einen bin ich mir dessen nicht sicher, obgleich es Experimente gibt, die genau das zu bestätigen scheinen. Ist es derselbe Mensch, der am Vorabend Schubert spielt?

Ich hatte das Privileg, Arthur Koestler kennenzulernen, der sich angesichts solcher Fragen erzürnte und sagte: »Aber es gibt zwei Gehirne: das ethische, moralische Hinterhirn, das beim Menschen noch in den Anfängen steckt, und einen enormen, grausamen, sadistischen Raubtierkortex.« Wir haben keine zwei Gehirne; das war reine Erfindung. Außerdem ist das keine Antwort auf meine Frage. Und zu sagen, dass dies nur in Deutschland möglich war, ist auch absolut falsch. Es ist so gut wie überall möglich. Bald wird mein Leben vorbei sein, ohne dass ich eine befriedigende Antwort gefunden habe. Nicht eine einzige. Nichts, was die fundamentale Unmenschlichkeit im Herzen der *humanités*, der Wissenschaften vom Menschen, zu erklären vermöchte (*humanités*: welch arrogante Begriffsbildung!).

So habe ich dann in meinen jüngsten Texten (tatsächlich sehr spät) eine Hypothese unter dem Namen Cordelia-Syndrom aufgestellt, benannt nach King Lears Tochter. Nachmittags bearbeite ich mit meinen Studenten die Akte III bis V des *Lear*, und wenn Lear auftritt mit seinem getöteten Kind in den Armen und fünfmal das Wort »niemals« *(»Never! Never! Never! Never! Never!«)* hinausschreit, begegnen wir hier dem Ende der Sprache selbst. Ich versuche, die Passage mit meinen Studenten zu lesen. Ich habe diese Szenen auswendig gelernt. Ich kenne sie auswendig, und sie werden in mir lebendig. Aber wenn ich nach Hause gehe und jemand auf der Straße »Hilfe!« ruft, dann vernehmen meine Ohren das zwar, aber ich höre nicht zu. Hier liegt der große Unterschied zwischen hören und zuhören. Ich müsste losstürzen, aber ich tue es nicht, weil die reelle Agonie auf der Straße eine Art Unordnung, Zufälligkeit besitzt, die das vom großen Kunstwerk – Musikstück, Gemälde, Gedicht – dargestellte ungeheure, transzendente Leiden nicht betrifft … Wäre es möglich – ich formuliere diese Hypothese nach sechzig Jahren der Lehre und der Liebe zu den schönen Künsten –, dass die Wissenschaften vom Menschen zur Unmenschlichkeit führen? Dass sie, weit davon entfernt, uns zu bessern (um es auf naive Weise auszudrücken), unsere moralische Sensibilität schwächen, statt sie zu schärfen? Sie halten uns vom Leben fern, sie vermitteln uns eine solch große fiktionale Intensität, dass die Realität daneben blass erscheint. Wenn das wahr wäre, wüsste ich nicht mehr, wohin, an wen mich wenden. Welche Methode erlaubt dann, die großen Texte, Gemälde, Musik- und Theaterstücke zu erleben und aus dieser Erfahrung heraus den menschlichen Bedürfnissen, dem menschlichen Leiden gegenüber sensibler zu werden? Es muss eine Methode geben, es muss Menschen geben, die das können. Aber mir ist kaum einer begegnet.

Manchmal sieht man sich mitten am Tag einen Film an – ich habe das öfter auf Reisen getan, um zwei oder drei Stunden zu füllen –, und wenn man dann das Kino verlässt, ins Sonnenlicht tritt, kann es vorkommen, dass einem die Welt unwirklich erscheint und man Ekel verspürt. Das lässt sich nur schwer beschreiben. Und ich frage mich, nach all meiner Erfahrung großer Kunst, ob nicht solche Momente des Realitätsüberdrusses uns daran hindern, als Menschen effizienter zu sein.

Ich weiß nur eines: Die Todeslager, die stalinschen Lager, die großen Massaker kamen nicht aus der Wüste Gobi zu uns; sie entstammten der russischen und europäischen Zivilisation, sie entstammten den Zentren unserer größten künstlerischen, philosophischen Errungenschaften; und die Geisteswissenschaften, die schönen Künste haben keinen Widerstand geleistet. Im Gegenteil, in sehr vielen Fällen haben bedeutende Künstler unbekümmert mit dem Unmenschlichen kollaboriert.

Sie sprechen in diesem Zusammenhang vom spezifischen Gräuel des sogenannten europäischen Humanismus.

Ja, alles verbirgt sich im »sogenannten«. Man hätte sich gewünscht, dass Goethes Garten nicht direkt neben Buchenwald läge; aber wenn man Goethes Garten verlässt, steht man im Konzentrationslager. Man hätte sich gewünscht, dass die großen Musiker sich zu spielen weigerten und sagten: »Nein, ich kann nicht Debussy spielen (wie Gieseking es in München getan hat), wenn ich die Schreie jener höre, die auf dem Weg nach Dachau verhungern oder verdursten.« Aber nein, man veranstaltet eine Reihe von Konzerten von scheinbar feenhafter Schönheit und musikalischer Tiefe. Picasso hatte diesen bemerkenswerten Geistesblitz. Sie werden sich erinnern: Als ein deutscher Offizier während der Besatzungszeit Picassos Atelier aufsucht und *Guernica* sieht, fragt er ihn: »Haben Sie das geschaffen?« – »Nein, Monsieur, das waren Sie!« Ein genialer Geistesblitz. Aber derselbe Picasso verteidigt Stalin zu einer Zeit, da die Schrecken des Gulag und der stalinschen Massaker bereits offensichtlich waren.

Nun, kleine Leute, wie ich es bin, sollten eher den Versuch unternehmen, zuzuhören und Klarheit zu erlangen, anstatt mit moralischer Arroganz aufzutrumpfen und zu verkünden: »Hier ist die Antwort! Ich habe alles verstanden.« Ich kann am Ende meines Lebens nur sagen: »Nein, ich habe es nicht verstanden.«

Was können wir tun angesichts dieser Unmenschlichkeit?

Oh, eine Million Dinge. Man könnte zum kleinen faschistischen Despoten in Birma sagen: »Wir vernichten Sie, wenn Sie nicht endlich damit aufhören und wenn Sie nach den Wahlen verhindern, dass eine repräsentative Demokratie eingesetzt wird.« Dem Sudan gegenüber könnte man sagen: »Da Sie Ihre mörderische Meute auf Menschen hetzen, die in der Wüste schon vor Hunger und Durst umkommen, verjagen wir Sie …« Die Macht der Großen ist unendlich viel größer als jene der unsagbar sadistischen, primitiven Regime. Man könnte so vieles bewirken. Da wir heutzutage alles wissen, ist diese Tatenlosigkeit noch unentschuldbarer. Die Medien teilen uns alles mit. Wir wissen, was in Guantánamo geschieht, wir wissen, wer wen foltert. Fast als ob man für die nächste Seifenoper die Schreie der Opfer aufzeichnete. Wir sind informiert, überinformiert bis hin zum Überdruss.

»Man könnte so vieles bewirken. Da wir heutzutage alles wissen, ist diese Tatenlosigkeit noch unentschuldbarer.«

Wir werden in der Tat mit Bildern des Schreckens, der Verzweiflung überschüttet, gegen die wir uns kaum zu wehren vermögen. Was können wir, als einzelne Individuen, tun? In Ihren Texten zitieren Sie Kierkegaard, ein Zitat, das Sie auswendig kennen: »Das Individuum kann einer Epoche weder helfen noch sie retten, es kann nur ihren Untergang feststellen.« Stimmen Sie mit dieser Aussage überein?

Nicht ganz. Während des Ancien Régime, im weiten Sinne dieses Begriffs, war die Handlungsfähigkeit des Einzelnen sehr begrenzt; wir hingegen können den Versuch unternehmen, menschliche und ernsthafte Politiker einzusetzen. Kommen wir auf Aristoteles zurück. Man kommt immer auf ihn zurück; das ist eine heilsame Krankheit. Bei Aristoteles ist der Idiot *(idiôtês)* jener Mann, der zu Hause bleibt und den Gaunern erlaubt zu regieren. Die Gauner erobern die Agora (den großen Marktplatz, das Zentrum der griechischen Demokratie), weil er sein Privatleben bewahren will. Die Politik interessiert ihn nicht sonderlich. Somit hat er kein Recht, sich zu beklagen. Wenn die Mafia uns regiert, dann deshalb, weil wir nicht in die Politik gehen wollen. Hierin besteht das große Paradox des Bankrotts der Politik. Ich erlebe das Tag für Tag in England.

England hatte ein nahezu einzigartiges Schicksal: Die Elite beteiligte sich an der Politik. Die Jahrgangsbesten aus Oxford oder Cambridge zogen ins Parlament ein – darauf verwandten sie ihren Ehrgeiz –, es gab eine vorzüglich ausgebildete Elite. Seit dreißig oder vierzig Jahren spottet man darüber. Was jetzt zählt, sind die Banken, die Hedgefonds ...

Aber vielleicht ist das so, weil die Politik nicht mehr Gemeingut ist?

Gewiss, beides trifft zu, das Argument beißt sich in den Schwanz. Sie wäre Gemeingut, wenn es bedeutende Menschen gäbe, die sich ihrer annähmen. In diesem Zusammenhang vergisst man oft, dass Amerika etwas hervorgebracht hat, zu dem Europa nicht mehr in der Lage ist: Bei der Präsidentschaftswahl 2008 waren alle drei Kandidaten große Persönlichkeiten. Barack Obama, John McCain und Hillary Clinton sind Menschen großen Ausmaßes – ganz gleich, ob man ihre Ideen teilt oder nicht. Und dass ein solch chaotisches, korruptes System solche Persönlichkeiten hervorbringen kann, gibt Anlass zu Hoffung.

Es geschehen noch Wunder. Zum ersten Mal seit Cromwell bringt man sich in Irland nicht mehr gegenseitig um. Dieses Wunder hat Tony Blair vollbracht. Zehn Jahre schwierigster, nervenaufreibender Verhandlungen, an einem Tisch mit den Iren. Das ist nicht einfach, glauben Sie's mir. Und er hat nie die Geduld, hat nie die Nerven verloren. Wenn die IRA sich hat beruhigen können, die Mauer in Berlin hat fallen können, dann besteht die Hoffnung, dass sich auch weiterhin Wunder ereignen werden. Wunder in der Praxis. Sie sind selten, aber es gibt sie. Und sie hängen von einem anderen Politikverständnis ab, von einer Politik, die von guten Leuten umgesetzt wird. Aber wenn wir uns nicht einmischen wollen, wer ist dann schuld?

Auch die Musik wäre, wenn man Ihnen folgt, ohnmächtig gegenüber der Unmenschlichkeit. Sie sind ein leidenschaftlicher Musikliebhaber, leben umgeben von CDs. Sie können weder auf Musik noch Philosophie verzichten, und in Ihrem Werk *Gedanken dichten* entwickeln Sie die Thematik der wesensgleichen Vereinigung von Musik und Denken. Woran denken Sie, wenn Sie Musik hören?

Präzisieren wir zuerst einmal: Ich kann keine Partituren lesen, das ist sehr wichtig. Selbst bei Musikern ist es, glaube ich, selten, dass sie beim Lesen einer Partitur schon die Musik hören. Wie es scheint, können bestimmte Dirigenten eine Mahlerpartitur lesen und im Innern sämtliche Instrumente hören. Das dürfte aber wohl nicht oft vorkommen. Da ich somit keinen Zugang zu Partituren habe und nie ein Instrument gespielt habe, bin ich auf impressionistische Vorlieben angewiesen, auf die Vorlieben eines Amateurs, aber »Amateur« bedeutet »Liebhaber«, also auf das, was ich liebe.

Die Musik, die Schallplatte, das Klavier gehörten zu meiner Kindheit, von Beginn an. Meine ersten Konzerte habe ich in sehr jungem Alter gehört. Ich hatte das große Glück, dass meine Eltern mich ins Konzert, in die Oper mitnahmen. Sie werden vielleicht darüber lächeln, weil es altersbedingte Klischees sind, aber ich kenne enorm viele Texte auswendig. Und obgleich meine Sehschärfe nachlässt, will mir scheinen, dass ich mit sehr vielen schönen Texten leben könnte, die meine Stunden füllen würden. Aber keine Musik mehr zu hören – ich leide außerdem unter zunehmender Schwerhörigkeit –, das würde ich wohl nicht überleben. Buchstäblich. Musik ist für mich so ungeheuer wichtig und wesentlich!

Das Auftauchen der Langspielplatte glich einem Wunder. In solch einer Epoche zu leben, plötzlich die gesamte Geschichte der Musik, die gesamte Musik, die wir hören möchten, zur Verfügung zu haben, ist ein unglaublicher Luxus. Ein unentbehrlicher Luxus.

Soviel ich weiß, interessiert Sie insbesondere die Musik seit Schönberg. Warum? Glauben Sie, dass zeitgenössische Musik heutzutage eine Zukunft hat?

Eine große Zukunft. Aus meiner Sicht leben wir – seit Schönberg, Debussy, Schostakowitsch, den großen Amerikanern – in einer wunderbaren musikalischen Epoche. Zuerst einmal erlauben die technischen Reproduktionsmittel ein unmittelbares Erleben von Musik in der Privatsphäre. Auf die Gefahr hin, mich zu wiederholen: Ich kann auf meinem CD-Spieler die besten Konzerte und Opern der Welt abspielen – ein quasi unbegrenztes Repertoire steht zu meiner Verfügung. Und die Musik überquert alle Grenzen, es gibt keine Sprachbarrieren. Der Hit, ein Erfolgsstück in der Rockmusik, wird am selben Tag auf den

Straßen von Wladiwostok und Los Angeles nachgepfiffen; die Musik ist das Esperanto des Gefühls. Und den Mitteln der technischen Reproduzierbarkeit – wie Walter Benjamin sagen würde – wohnt ein schöpferisches Element inne, das die Literatur nicht aufweist. Ich glaube, dass die zukünftige Musik keine Grenzen kennen wird. Werden bestimmte Formen der Oper – oder der symphonischen Musik – weiterhin große Werke hervorbringen? Das ist schwer zu beantworten. Aber zwischen den Elisabethanern und dem Beginn des zwanzigsten Jahrhunderts ist nichts geschehen. Ein Werk wie das Brittens (insbesondere *Peter Grimes*), aber auch viele andere weltweit, ziehen ein enormes Publikum an. Die Konzertsäle sind voll, das ist ein gutes Zeichen. Werden bestimmte Formen der Musik an Bedeutung verlieren? Vielleicht die Kammermusik im klassischen Sinne? Um es platt zu sagen: Man brauchte Kammern für die Kammermusik. Ein gewisses gesellschaftliches Milieu, das nicht jenes der Konzertsäle ist. Ob hier weiterhin große Werke entstehen werden?

»Ich bin sehr optimistisch, was die Musik betrifft; und ich brauche sie täglich, es ist ein körperliches Bedürfnis. Ein Tag ohne Musik ist ein trauriger Tag.«

In jedem Fall erleben wir heute meiner Ansicht nach eine Periode großer Komponisten. Ich brauche Ihnen nicht zu sagen, welche Bedeutung Boulez zukommt. Aber da gibt es auch Kurtág, einen ungarischen Komponisten, der an

Bartók heranreicht, oder Elliott Carter, der bis zu seinem hundertsten Lebensjahr wichtige Werke komponiert hat … Oh, wir haben zurzeit ein halbes Dutzend sehr bedeutender Komponisten. Da gibt es also Fortschritte. Zur sogenannten dekonstruktivistischen Kunst hingegen finde ich keinen Zugang. Mit der Musik, selbst der jüngst geschaffenen, erlebe ich glückliche Momente. Ich bin sehr optimistisch, was die Musik betrifft; und ich brauche sie täglich, es ist ein körperliches Bedürfnis. Ein Tag ohne Musik ist ein trauriger Tag.

Beruht Ihr Musikhören wie Ihre Lektüre, diese Praxis der Wiederholung, um Ihre intellektuelle Feinschmeckerei zu nähren, auf dem Prozess des Wiederkäuens?

Jedes Hören ist für mich eine neue Erfahrung. Ich bin mit einigen sehr guten Komponisten befreundet, die CDs verabscheuen. Sie sagen: »Musik, die mit sich selbst identisch ist, ist tot.« Ich höre zum Glück jedes Mal etwas, das ich vorher nicht wahrgenommen habe – aber das ist die Antwort eines Laien, der keine Partituren lesen kann, der beim ersten Hören nicht die zugrundeliegende Struktur erfasst. Ich sehe sehr wohl das Problem, das sich für einen Musiker stellt. Gott sei Dank haben wir – dank der BBC und anderer Sender – ein reges, sehr reiches Musikleben in England, sei es im Bereich der Klassik oder auch der Moderne. Es wird gespielt, die Premieren werden nicht weniger, und das diskographische Repertoire ist sehr umfangreich … Ein amüsantes Programm der BBC heißt *Private Passion*: Ein Studiogast darf sieben CDs auswählen und darüber sprechen; ich wollte (da kommt mein schlechter Charakter durch) etwas finden, das sie, trotz der zwölf Millionen archivierter Aufnahmen, nicht besäßen – sie behaupten, sie hätten alles …

Während des Aufstiegs des Nationalsozialismus war es

in unserem Pariser Haus verboten, Wagner auf Deutsch zu hören, aber meine Eltern waren wie alle mitteleuropäischen Juden Wagnerianer. Da entdeckte mein Vater einen wundervollen russischen Sänger der Pariser Oper, Rogatschewski hieß er, der Wagner auf Französisch sang. Ich besitze die Platte heute noch, sie steht hier in diesem Zimmer, es ist eine Gralssage auf Französisch. Ich sage also der BBC: »Ich werde die Platte mitbringen.« Aber sie hatten sie! Ich habe dann im Radio erläutert, dass große Musik, selbst in einer anderen Sprache, selbst in einem anderen kulturellen Zusammenhang, ihre Autorität beibehält.

Ich habe, was den eminenten Jazz betrifft, den Anschluss verpasst. Ich habe als Student Muggsy Spanier, Ellington und einige andere in Chicago gehört – zu jener Zeit war Chicago eine der Welthauptstädte des Jazz. Und den klassischen Jazz liebe ich immer noch. Aber Hip-Hop, Heavy Metal und all die anderen Schulen, die seitdem entstanden sind, habe ich nicht mitbekommen. Dass mir dies entgangen ist, bedeutet wohl, dass mir die musikalische Energie des letzten Jahrhunderts entgangen ist – mit all seiner Rohheit und Ambivalenz. Das bedauere ich, aber man kann nicht alles verstehen. Allerdings bin ich überzeugt, dass diese Musik für Millionen junger Menschen den unentbehrlichen Rhythmus ihres Innenlebens darstellt.

Sie beziehen sich oft auf Heidegger. Aber Sie wissen sicherlich von den Dokumenten, die sein Engagement in der Nazizeit belegen, zu dem Zeitpunkt, als Heidegger Rektor der Freiburger Universität war. Ändert diese Tatsache etwas an Ihrer Sichtweise seiner Philosophie?

Ich bin der Ansicht – und zwar seit meinen ersten Versuchen einer Lektüre von *Sein und Zeit* –, dass wir es bei Heidegger mit einem Titanen der Philosophie zu tun haben. Einem tückischen Titanen. Ich kann mir das Denken des zwanzigsten Jahrhunderts – Sartre, Lévinas oder die Dekonstruktivisten – nicht ohne Heidegger vorstellen; er ist von allen der Größte, und zwar mit großem Abstand. Auf die Frage nach seiner Beziehung zum Nationalsozialismus haben die Nazis selbst die beste Antwort gegeben: Angesichts seines Ehrgeizes, Rektor der Universität zu werden, ließen die Naziautoritäten im Berlin der Jahre 1933/34 wissen: »Nein, das ist ein *Privatnationalsozialist.*« Was wollten sie damit sagen? Dass Heidegger kein Rassist war (fast alle seine Doktoranden waren Juden – zuvorderst seine Geliebte Hannah Arendt, dann Marcuse, Löwith etc.). Keine Spur eines Rassismus. Er war der Auffassung, dass diese biologische Dimension, die für die Nationalsozialisten doch wesentlich war, reine Dummheit sei. Er war ein Nationalsozialist noch vor den Nazis; und seine Frau – ein furchtbares Weib – war es übrigens noch vor ihm.

Das heißt, er glaubte an eine Erneuerung Deutschlands; und im Nationalsozialismus sah er den einzig möglichen Widerstand gegen die zwei seiner Ansicht nach »immensen Bedrohungen«, den amerikanischen Kapitalismus und den russischen Kommunismus. Lange vor allen anderen kam er zu der genuinen Erkenntnis, dass es sich in beiden Fällen um Technologien handelte und dass der technokratische amerikanische Kapitalismus und der Leninismus-Stalinismus einander viel näher standen als dem klassischen europäischen Geist. Und dass eine Niederlage Europas – das heißt für ihn, eine Niederlage Deutschlands – die Beherrschung des Kontinents durch diese beiden Kräfte nach sich zöge. Damit hatte er natürlich recht.

Das entschuldigt keineswegs das, wie ich glaube, wahre Mysterium, den wahren Frevel: seine Weigerung nach dem Krieg, sich zur Schoah, zur Politik der Konzentrationslager, zum unmenschlichen Horror der Nazis zu äußern. Im Gegenteil, wie Sie sicher wissen, sprach er noch 1953 vom großen verlorenen Ideal dieser Bewegung.

Bei Wagner stoßen wir auf dieselbe Problematik. Beim Mittagessen, vor dem Nachtisch, sagt Cosima zu ihren Bediensteten: »Wir müssen warten, der Meister sitzt am Klavier.« Man hört ihn oben, im zweiten Stock, spielen. Er arbeitet an der Ostermusik des *Parsifal*. Dann kommt er herunter. Und am Mittagstisch – das wissen wir aus Cosimas Tagebüchern – äußert er sich dann zur jüdischen Frage und sagt: »Die Juden sollte man lebendig verbrennen!« Sie werden sagen: »Dafür muss man Verständnis aufbringen …« Nein! Dieses Verständnis kann man nicht aufbringen. Man kann es nicht verstehen. Sie und ich, wir sind kleine Geister daneben. Dank dieser Geistesriesen besitzen wir ein immenses Erbe; ich kann mir mein Leben nicht ohne *Tristan*, ohne Wagners Musik, ohne *Sein und Zeit*, ohne Heideggers Bücher zu Kant, seine Essays zu den Vorsokratikern nicht vorstellen. Die Heidegger-Gesamtausgabe wird mehr als einhundert Bände umfassen.

Hans-Georg Gadamer, sein Lieblingsschüler und Nachfolger, der selbst zum bedeutenden Denker wurde, hat wohl die beste Erklärung geliefert. Wir befanden uns anlässlich Heideggers hundertstem Geburtstag in Freiburg, als ich mit Ernst Nolte, einem in gewisser Hinsicht neonazistischen Historiker, fast in ein Handgemenge geriet. Gadamer, körperlich ein Riese, fasste mich in aller Ruhe bei den Schultern und sagte: »Steiner! Steiner! Regen Sie sich nicht auf. Martin war der Größte unter den Denkern und der Engstirnigste unter den Menschen.« Das ist eine exzellente Analyse, die nichts rechtfertigt, aber gewiss der Wahrheit entspricht. Heidegger, Wagner … Es gäbe noch genug andere Beispiele.

Wenn Sie mich fragen, wer in der Moderne die Entwicklung der französischen Sprache entscheidend beeinflusst hat, dann würde ich antworten: Proust und Céline. Beide. Céline ist dank *Reise ans Ende der Nacht* zusammen mit Rabelais einer der größten Magier der französischen Sprache. Doch nicht allein die *Reise* macht seine Bedeutung aus. Die drei Romane über seine Flucht nach Dänemark (die heute wenig gelesen werden) – *Von einem Schloss zum andern*, *Norden* und *Rigodon* – sind wahre Wunderwerke. Die Szenen mit seinem Kater Bébert angesichts der Flammen in Köln, als der Kater den Zug verlässt und in die Flammen läuft; oder auch die Szenen in Sigmaringen – wo Pétain, der gänzlich taub ist, den Sturzflug des englischen Flugzeugs auf die Brücke zu nicht wahrnimmt, erreichen shakespearesche Ausmaße! Und ich benutze diesen Begriff mit aller Sorgfalt. Dieser furchtbare Mensch hatte Einfälle von poetischer Größe. Und ein immenses menschliches Mitgefühl. Als Arzt hatte er den Armen, den Tieren gegenüber ein großes Herz. Da ich Tiere liebe, teile ich diese Leidenschaft und bewundere, wie er das Tier, das Leiden des Tieres sieht. Und auch hier sind meinem Verständnis Grenzen gesetzt. Derselbe Mensch brütet jenen infamen Schund, die *Bagatelles pour un massacre (Kleinigkeiten für ein Blutbad)* und weitere Texte dieser Art aus. Pamphlete, gigantische antisemitische Pamphlete. Wenn Sie mich fragen: Ich verstehe es nicht. Derselbe Mensch will die Juden in den Ofen schieben.

Was fängt man nun mit alldem an? Als Leser, als Professor zolle ich diesen Texten großen Tribut. Sie erfüllen meinen Geist und mein Wesen. Was zu keinem Zeitpunkt bedeutet, dass ich den Menschen verteidige. Das große Glück besteht also vielleicht darin, ihm nicht zu begegnen: Ich habe es mir untersagt, Heidegger zu begegnen. Ich wollte es nicht, hätte es nicht fertiggebracht. Und natürlich hätte ich Gelegenheit gehabt, mich Céline zu nähern …

Was tun ohne Wagner? Die Musik nach Wagner ist jene Wagners. Und in der Philosophie? Ich habe gerade Derrida gelesen, der sagt: »In der Philosophie der Zukunft wird es darum gehen, für oder gegen Heidegger zu sein.« Ich vermag mir die inneren Widersprüche, die psychischen Kämpfe dieser großen und schrecklichen Menschen nicht auszumalen. Vielleicht kommt das bei Frauen nicht so häufig vor – eine interessante Fragestellung.

Auf den ersten Blick fällt mir kein weibliches Beispiel ein. Natürlich gab es furchtbare weibliche Tyrannen, despotische, sadistische Frauen, Giftmischerinnen, was immer Sie wollen; aber soweit ich weiß waren literarisch, poetisch, wissenschaftlich denkende Frauen – und von ihnen gab es weiß Gott viele – nie zugleich Persönlichkeiten voller sadistischem Hass und Anhängerinnen faschistischer Ideologie.

»Soweit ich weiß waren literarisch, poetisch, wissenschaftlich denkende Frauen – und von ihnen gab es weiß Gott viele – nie zugleich Persönlichkeiten voller sadistischem Hass und Anhängerinnen faschistischer Ideologie.«

In *Gedanken dichten* erinnern Sie auch an die zentrale Figur Edmund Husserls, der Heideggers Professor war. Wo finden sich Ihrer Ansicht nach die Verbindungen zu Husserls Denken, die Anleihen und Spuren daraus in Martin Heideggers Werk?

Ich habe ein kleines Buch, *Der Meister und seine Schüler*, geschrieben, in dem ich den Versuch unternommen habe, diese Beziehung zu erörtern. Ohne Husserl hätte es Heidegger nicht gegeben, das ist offensichtlich. Aber im Gegenzug wird der Schüler – wie in allen wichtigen Beziehungen – versuchen, den Meister zu zerstören. Hier lässt sich mit Vergnügen, als Hommage, Freuds Begriff des »Ödipalen« anwenden.

Der Vatermord.

Die Ermordung des Vaters in intellektueller, theoretischer Hinsicht.

Ein zweifacher Vatermord also: im philosophischen Sinne und als »Aufgabe, Verlassen des Vaters« während der Nazizeit.

Husserl fasziniert mich, weil es ihm gelang, sechs oder sieben Stunden lang auf einem Stuhl zu sitzen und zu denken. Das ist äußerst selten. Er verkörperte das Denken; wie die bedeutenden Mathematiker, mit denen ich hier ein wenig Umgang pflege. Husserl hatte eine wunderbare Leidenschaft für die Abstraktion, er weigerte sich, sich von irgendetwas ablenken zu lassen. Heidegger erahnt sehr schnell die Schwächen in der Philosophie Husserls. Husserl ist es letztlich nicht gelungen, sein System zu errichten, noch hat er das große Problem der Beziehungen zwischen den menschlichen Wesen, zwischen den individuellen Egos, lösen können. Heidegger sieht die Schwächen. Und nichts ist bewegender, nichts ist trauriger als das langsame Gewahrwerden, dass sein Lieblingsschüler, sein ausgewählter Nachfolger, sein Sohn unter Söhnen, ihn zerstören wird. In diesem Zusammenhang ist die Naziperiode hässlich, widerlich, aber nicht sehr wichtig.

Hier müssen wir die Fakten klarstellen. Heidegger hat Husserl fallenlassen, hat es als Rektor der Universität Freiburg geduldet, dass sein Professor nicht mehr lehren durfte. Er hat ihm sogar den Zugang zur Bibliothek untersagt.

Nein, das stimmt nicht. Man weiß inzwischen, dass er nichts dafür tat, dass ihm der Zugang gewährt wurde. Voilà. Er griff nicht ein, was an sich schon schwerwiegend genug ist. Er hat nichts zu seiner Verteidigung unternommen. Und seine Engherzigkeit gegenüber Husserls Witwe ist ebenfalls sehr betrüblich. Aber dabei hat Elfriede, Heideggers Frau, eine Nationalsozialistin der ersten Stunde, der Hitler noch zu liberal war, eine schändliche Rolle gespielt. So erzählt man es zumindest.

Weil man nicht weiß, wie man selbst sich unter solchen Umständen verhalten würde, muss man sehr achtgeben. Weil wir nicht wissen, Sie und ich, wie wir handeln würden, wenn Schlächter und Folterer an die Tür klopfen oder uns einen »kleinen Kompromiss« anböten, »Monsieur, ein klitzekleiner Kompromiss, und alles wird gut« … Man kann sich nur schwer vorstellen, welche Zwänge, Erpressungen, Bedrohungen das Alltagsleben damals bereithielt.

Ich habe mich schon oft gefragt, was sich in unserem schönen England, meiner Wahlheimat – ich hätte nach Frankreich, nach Amerika gehen können –, was sich in England, das wie kein anderes Land die Rechte des Individuums verteidigte, geschehen wäre, wenn die Deutschen gekommen wären. Wir können es nicht wissen. In meiner Jugend war ich noch erfüllt von diesem großen Traum: Die Engländer hätten wundervoll gehandelt, niemanden ausgeliefert, hier hätte es kein Vichy gegeben, keinen Xavier Vallat, keine Konzentrationslager. Aber was weiß man schon? Ich hoffe zwar, dass es so gewesen wäre, aber wir haben keinen Beweis dafür.

Ich beneide zutiefst jene, die wissen, dass sie sich untadelig verhalten haben. Zwei meiner Kollegen hier im College waren im Vercors, und sie, sie wissen es. Der eine geriet in Gefangenschaft und wurde gefoltert, der andere konnte fliehen. Sie sprechen nie davon, keine Silbe kommt über ihre Lippen. Bis auf einige berühmte Ausnahmen schweigen jene, die wissen, weil ihre Erfahrungen nicht mitteilbar sind. Vielleicht kann man es sich selbst gegenüber nicht erklären, was die Sache noch komplexer macht.

Jedenfalls muss man sehr achtgeben. Platon hat sich frohgemut an den Tyrannen von Syrakus verkauft, weil dieser ihm Macht versprach. Heideggers kindischer Ausdruck »die Hoffnung, der *Führe*r des *Führers* zu sein« findet sich am Horizont meiner Überlegungen zu gewissen genialen französischen Schriftstellern, die Schweine, absolute Schweinehunde waren.

Welche Erklärung haben Sie dafür, dass Heidegger sich nach dem Krieg trotz der inständigen Bitte seines Freundes Jaspers niemals zu einer Entschuldigung durchgerungen hat? Wie erklären Sie dieses Schweigen?

Eitelkeit.

Ein Schweigen, das uns erlaubt, an das zu erinnern, was zwischen Paul Celan und Martin Heidegger geschah, als Paul Celan ihm einen Besuch abstattete.

Eitelkeit, sicherlich Größenwahn. Die gesamte Welt suchte ihn auf, stand Schlange … bei einem Menschen, der, wie ich glaube, die Würde hatte, das, was sich leicht hätte berichtigen lassen, in seiner ursprünglichen Form zu belassen. So mancher Franzose, der Infames geschrieben hatte, glättete oder löschte es später. Er hatte zumindest den Stolz zu sagen: »Dieser Satz ist von mir geschrieben? Dann bleibt er stehen.« Als *Was heißt Denken?* neu herauskam, wäre es ein Leichtes gewesen, den Satz zu streichen. Eitelkeit, Kleinlichkeit und, man könnte sagen, boshafte Naivität spielen dabei eine Rolle.

Mir bot sich die Gelegenheit einer Begegnung, ich habe sie ausgeschlagen. Ich war damals noch sehr jung. Ich bin das Wagnis nicht eingegangen, weil man Platon nicht die Zeit stiehlt. Und was hätten wir uns zu sagen gehabt? Nichts, rein gar nichts. Hätte ich sagen sollen: »Sie sind ein Schuft! Entschuldigen Sie sich!«? Nein und nochmals nein. Gewisse falsche Begegnungen sollte man vermeiden. Und vergessen wir nicht, dass es auch bei Sartre furchtbare Sätze gibt: »Jeder Antikommunist ist ein Dreckskerl«, zum Beispiel.

Als ich Professor in Peking war, gab es in meinem Seminar zwei Männer, denen die Roten Garden in der Folter die Wirbelsäule gebrochen hatten: Sie konnten nicht einmal mehr sitzen. Sie hatten Sartre einen Brief zukommen lassen: »An den Voltaire unseres Jahrhunderts. Sprechen Sie, helfen Sie uns!« Und er sagt: »Die sogenannten Misshandlungen der Roten Garden sind eine Erfindung des amerikanischen CIA.« Dabei wusste er sehr wohl, was sich abspielte. Also, wo sind die großen Männer?

Und Freud! Fahren Sie nach Rom, dort gibt es ein sehr faszinierendes Faschismusmuseum. Im ersten Saal befinden sich Geschenke, die Mussolini erhalten hat. In einer hübschen Vitrine liegt *Die Traumdeutung* mit einer Widmung Sigmund Freuds: »Dem *Duce*, dem wir soviel verdanken, weil er den Glanz des Alten Rom erneuert hat«. Aber ja …

Wir sind alle anfällig für Eitelkeiten, Schmeicheleien, Furcht und Ängste. Aussetzer der Vernunft, und nicht des Herzens, wie Proust sagte. Dazu kann ich, wie stets, Shakespeare zitieren: »Wer von uns entkäme der Peitsche?« (In *Hamlet*: *»Who of us should escape whipping?«*)

Ich ziehe es also vor, den großen Werken, den Gedichten Dank zu sagen. Der erste Satz meines allerersten Buches lautete: »Eine gute Kritik ist ein Akt der Danksagung.« Ich stehe zu dieser Aussage, ich bin ihr weiterhin treu. Man muss sich bei den Werken bedanken und bei der Mühe, die sie ihre Schöpfer gekostet haben.

Mit der Furcht vor einem Bankrott der Geisteswissenschaften ist eine Thematik verbunden, die in die meisten Ihrer – historischen, politischen, metaphysischen, sprachlichen, spirituellen – Reflexionen verwoben ist. Man könnte sie (um Spengler zu paraphrasieren) »Untergang der Zivilisation« nennen. Ich will damit nicht sagen, dass Sie – wie Spengler am Vorabend des Ersten Weltkriegs – einen unausweichlichen Niedergang der Zivilisation voraussagen, aber man spürt bei Ihnen eine dumpfe Angst, eine Erinnerung ans Sein, und ein Wunsch nach Bewusstwerdung, nach höherem Bewusstsein. Eine Wachsamkeit.

Die seriösesten Historiker gehen davon aus, dass zwischen August 1914 und Mai 1945 in Europa, in unserem Europa und der westlichen slawischen Welt, mehr als einhundert Millionen Männer, Frauen und Kinder durch Kriege, Lager, Hungersnöte, Verschleppungen und Epidemien umgekommen sind. Dass es überhaupt noch eine europäische Zivilisation gibt, gleicht einem Wunder. Man zäumt das Pferd immer vom Schwanz auf. Das Wunder besteht darin, dass überhaupt etwas dieses größte Massaker der Geschichte überlebt hat.

In jüngerer Vergangenheit haben uns die Massaker auf dem Balkan daran erinnert, dass die europäische Situation weiterhin extrem fragil bleibt. Valéry schrieb nach dem Ersten Weltkrieg jenen inzwischen berühmten Satz: »Wir anderen Zivilisationen wissen jetzt, dass wir sterblich sind.« Seitdem ist die Lage noch dramatischer geworden. Die Vereinigten Staaten sind nicht nur zur größten Weltmacht aufgestiegen, sie sind auch, wenn Sie so wollen, ein Modell für die Menschheit geworden. Ob man es nun billigt oder nicht, die amerikanische Technikrevolution, die Eroberung des Weltraums, die wissenschaftliche Forschung zwingen den Träumen eines großen Teils der Menschheit ein »imaginäres Kalifornien« auf.

Europa hat kein Modell mehr anzubieten, selbst seinen jungen Menschen nicht. Die Jugend hat die Nase voll von einer Zivilisation, die der Barbarei nicht hat widerstehen können, ihr sogar mehr als einmal von Nutzen war. Wir haben erlebt, in welchem Maße die intellektuellen, künstlerischen, philosophischen Eliten Europas auf Seiten der Barbarei standen. Walter Benjamin, der große Kritiker, sagte, dass jedes europäische Kulturmonument in Wirklichkeit auf einem Fundament der Unmenschlichkeit, der Barbarei, errichtet sei. Darin steckt viel Wahrheit, auch wenn es übertrieben scheint.

Damit verbindet sich für mich ein irrationales, unbeweisbares, intuitives Empfinden. Ich glaube nicht, dass es in unserer Mitte erneut einen Shakespeare, Goethe, Mozart, Michelangelo oder Beethoven geben wird. Gewiss, die Kunst des zwanzigsten Jahrhunderts hat Giganten hervorgebracht, ungemein wichtige Schriftsteller. Man sollte sich auch nicht zu Dummheiten hinreißen lassen: In Europa leben sehr wohl bedeutende Komponisten. Jene aber, die Literatur, Kunstgeschichte oder Musik lehren, lehren mit dem Blick nach hinten. Im Italienischen sagt man *tramonto del sole* (der Sonnenuntergang). Es ist gut vorstellbar, dass andere Teile des Planeten den Staffelstab übernehmen, dass Europa müde ist. Großer Gott, dafür gibt es Gründe genug! Im Deutschen gibt es einen Ausdruck: *Geschichtsmüdig-*

keit. Geht man in einer europäischen Stadt spazieren, stößt man überall auf Tafeln, die an Ereignisse aus früheren Jahrhunderten erinnern: Das Gewicht der Vergangenheit ist in Europa enorm. Umgekehrt hat die Zukunft kaum Gewicht, und das ist problematisch.

»Das Gewicht der Vergangenheit ist in Europa enorm. Umgekehrt hat die Zukunft kaum Gewicht, und das ist problematisch.«

Wir befinden uns in einer Epoche des Übergangs. Sie wissen so gut wie ich, dass die Kirchen fast leer sind. In den Ländern, in denen die katholische Autorität am mächtigsten war oder noch ist (Italien, Spanien etc.), sinkt die Geburtenrate dramatisch. Die Demographie Europas ist negativ; der Kontinent kann die eigene Bevölkerung nicht mehr ersetzen. Überall tragen die Jungen und die nicht mehr ganz so Jungen die enorme Bürde der Alten, der Renten, die Last jener, die zu lange leben. In der Alterspyramide hat sich die Gewichtung zur falschen Seite hin verschoben. Aus all diesen Gründen ist es nur schwer vorstellbar, dass unsere europäische Zivilisation ihren *élan vital* wiederfindet. Meine große Hoffnung besteht darin, dass Osteuropa noch ungenutzte Energiereserven besitzt, Meisterwerke auf gedanklichem und künstlerischem Gebiet. Aber wenn man den entfesselten wilden Kapitalismus betrachtet, der sich mit seinen weißen Limousinen à la Hollywood in Prag und Budapest ausbreitet, oder auf Bukarest schaut, das sich nur langsam von einer lang währenden Misere befreit, ist nicht sehr ermutigend, was man dort zu sehen bekommt. Diese Imitation eines gewissen liberalen Kapitalismus prophezeit nicht unbedingt eine große kulturelle Zukunft.

Findet sich in Ihrem Denken nicht (um einen Ihrer Buchtitel zu paraphrasieren) eine Nostalgie des Absoluten, die Nostalgie einer unwiderruflich verlorenen Welt? Ist es nicht reaktionär, wenn Sie alle ästhetischen und moralischen Werte infrage stellen? Ich denke da zum Beispiel an die Dekonstruktion in der Kunst Marcel Duchamps; an das Aufkommen der konkreten Musik; an die Dekonstruktion auf philosophischem Gebiet; an den Nouveau Roman. Kurz: an Ihre Weigerung, die Welt auf eine neue Art und Weise zu verstehen.

Handelt es sich dabei wirklich um eine neue Art und Weise, die Welt zu verstehen? In meinem Buch *Grammatik der Schöpfung* verleihe ich meiner tiefen Bewunderung für Duchamp und Tinguely, der für mich zu den größten Humoristen des vergangenen Jahrhunderts gehört, Ausdruck. Ich sagte schon, wie sehr mich die zeitgenössische Musik fasziniert. Die sogenannte »Konzeptkunst« hingegen ist mir zuwider. Jenen, die glauben, große Kunst zu machen, wenn sie mit Urin gefüllte Flaschen in die *Tate Gallery* stellen, sage ich in aller Ruhe: »Ihr seid arme Dummköpfe!« Etwas anderes kann man dazu nicht sagen.

Allerdings bin ich in meinem gesamten Werk (»Arbeit« wäre angemessener, »Werk« ist ein anmaßender Begriff) nicht ausreichend in die Welt des Films eingetaucht. Einige sagen, das Kino sei die kraftvollste Form des modernen Bewusstseins; vielleicht haben sie recht. Und ich habe die Gelegenheit verpasst, den Vorsprung aufzuholen. Um ehrlich zu sein: Ich habe niemals den Versuch unternommen.

Aber seien wir präzise; ich möchte auf Ihre Frage mit

einfachen, sorgfältig gewählten Wörtern antworten. Wenn mir jemand sagt: »Ich bin absoluter Atheist. Für mich ist jede Form der Transzendenz ein schlechter romantischer Scherz«; wenn mir jemand sagt, dass ein Telefon, das um zwei Uhr morgens läutet, um den tödlichen Autounfall des eigenen Kindes zu melden (der bürgerliche Albtraum schlechthin), zwar entsetzliches Leiden auslösen würde, jedoch keine mystische oder mysteriöse Bedeutung hätte, dann verstumme ich. Mir sind solche Menschen begegnet, sie sind selten. Darunter waren bedeutende Wissenschaftler des MIT, aus Cambridge oder Berkeley. Stephen Hawking zum Beispiel erläutert, wie er mit zwei Fingerspitzen – seine Mittelhand ist beweglich – den Rollstuhl bewegen kann, dazu hat er eine von IBM entwickelte elektronische Stimme ... Sein Denken hält sich auf am Rande des Universums. Das ist die Größe des Menschen: Sein Denken kennt keine Grenzen. Aber die meisten Menschen beginnen, wenn dieses Telefon läutet, aufzuschreien und Gott anzuflehen. Gut. Wenn mir jemand sagt: »Ich glaube an dies oder jenes, für mich gibt es eine Transzendenz, ein letztes Mysterium der Schöpfung«, kann ich auch das völlig verstehen. Was ich jedoch nicht akzeptieren kann, das sind jene, die sagen: »Die Frage stellt sich nicht mehr. Warum überhaupt davon sprechen?« Mir scheint, wenn diese Menschen überhandnehmen, wenn in der Tat unsere Kultur, unsere Empfindsamkeit, der Zusammenhang unseres Seins weder ungläubig (das ganz und gar nicht) noch atheistisch (was schwerwiegender und tragischer wäre), noch religiös würden, wenn es darauf hinausliefe, dass gesagt wird: »Hitler, kenne ich nicht; Gott, kenne ich nicht«, und eine Kultur entstünde, in welcher, wie in einer jüngeren Umfrage, David Beckham ganz oben auf der Liste der zehn unsterblichen Engländer stünde, gefolgt von Shakespeare an fünfter und Darwin an neunter Stelle, wenn die Situation sich also darstellte als eine Art Verweltlichung, als äußerste Vulgarisierung, ja dann will mir scheinen, würden keine Werke von Bedeutung mehr entstehen.

Neun Zehntel unserer Kunst, unserer Architektur hat einen religiösen Hintergrund, ein religiöses Thema – sei es Beethovens *Missa solemnis* oder Bachs Musik, seien es unsere Kathedralen, Gebäude, Städte oder Gesetze. Wenn mir jemand sagt: »Diese Frage stellt sich nicht mehr!«, wenn das, was Dostojewski als »einzige Frage von Bedeutung« bezeichnet – jene nach der Existenz oder Nichtexistenz Gottes –, nicht mehr wert wäre, dass man über sie nachdächte, wenn man versuchte, formelle Metaphern zu finden, um ihr Ausdruck zu verleihen, dann würden wir meiner Ansicht nach in der Tat in ein Stadium eintreten, das ich als Epilog – im eigentlichen Sinne – bezeichne: das, was nach dem Wort, nach dem *logos* kommt. »Am Anfang war das Wort«. Es könnte sein, dass am Ende das Lächerliche stünde. Vielleicht stehen wir am Anfang einer großen Epoche des Hohns und des Spotts.

Sie widmen sich ja in Ihren letzten Werken einer Diagnose der Zukunft unserer Zivilisation, und diese Diagnose fällt eher fatal aus. Sie weisen darauf hin, dass die Sprache ausdünnt, dass vierunddreißig Wörter genügen, um sich auf diesem Planeten verständlich zu machen, und dass es dieser Verarmung der Sprache wegen unserem Denken an Sauerstoff mangelt.

Ich glaube, wie ich schon sagte, dass Europa sehr müde ist. Ich glaube nicht an das chinesische Wunder, aber ich könnte mich irren. Ich glaube an das indische Wunder, an eine phantastische schöpferische Sensibilität, an eine extreme Erfindungskraft und Originalität.

Seit einigen Jahren leben in meinem Umfeld viele chinesische und indische Studenten. Die Chinesen lernen mit einer phantastischen Energie, einer Disziplin, die einem den Atem verschlägt, aber sie wagen weder Kritik noch erfinderische Phantasie. Sind indische Studenten um einen Tisch versammelt, hört man aus jeder Stimme den Mut heraus, Neues vorzuschlagen, Vermutungen anzustellen, vor allem aber den Mut, jeglicher Autorität zu widersprechen. Daher mein Eindruck, dass wesentliche Kapitel in der Geschichte des Denkens und der Kunst zukünftig aus Indien kommen werden.

Das werde ich nicht mehr erleben, aber es wird sehr aufschlussreich sein. Europa ist zurzeit zu einem Kontinent weltweiten Tourismus geworden: Man besichtigt das alte Europa. Europa ist zu einem großen Museum geworden und dort zu leben zu einem Luxus. Schwierig ist es jedoch, über eine Zukunft, eine positive Zukunft Europas zu sprechen.

»Europa ist zu einem großen Museum geworden und dort zu leben zu einem Luxus.«

Glauben Sie, dass die Wahrheit eine Zukunft hat?

Aber ja! Doch nicht notwendigerweise bei uns. Sie wird andere Formen annehmen. Werden gewisse sehr europäische Formen der Toleranz, der Ironie überleben? Das ist nicht sicher. In der sehr einflussreichen amerikanischen Kultur hat der Dialog nicht dieselbe Bedeutung, ist viel seltener. Bei Präsidentschaftswahlen gibt es kaum Dialoge; die Ironie spielt so gut wie keine Rolle.

Es wird andere Formen menschlichen Austausches geben. Doch warum klagen? Hinter uns liegen zweitausend faszinierende Jahre; Europäer zu sein war faszinierend. In Zukunft wird dies vielleicht weniger zutreffen.

Sie haben Paul Valéry erwähnt, der Sie, wie ich glaube, schon seit einiger Zeit beschäftigt. Auf welche Weise nährt Valéry Ihr Denken, auch heute noch, im Jahr 2014?

Bei jungen Menschen ist Valéry im Augenblick nicht sehr präsent. Ich habe ihn über einen Umweg entdeckt, der so beachtlich ist, dass er den wahren Valéry verdeckt. Paul Celans Übersetzung von *La Jeune Parque (Die junge Parze)* ist ein Wunder, anders kann man sie nicht bezeichnen. Ein reines fremdartiges Wunderwerk. Und dann ist da noch der Valéry – den wir bisher nur wenig kennen – der *Cahiers*. Darüber hinaus die immense Sekundärliteratur zu den *Cahiers*. Mich fasziniert sein Interesse für die Wissenschaften und seine fast abgöttische Liebe zur Mathematik. Ohne sie teilen zu können – diese Kompetenz habe ich nicht –, kann ich zumindest erahnen, was sie ihm bedeutete. Zugleich ist da der mondäne Valéry der Salons, der Académie française und der Valéry, der die Rede für Pétain bei dessen Aufnahme in die Académie hielt. Auch dieser andere Valéry hat existiert. Aber welch ein Gigant!

Gibt es Epochen? Ja, es gibt sie, und was bemerkenswert ist, es gibt auch Konstellationen. Um Shakespeare herum kreisen vier oder fünf bedeutende Dichter und Dramaturgen, und danach folgt für lange Zeit nichts. Tolstoi, Proust und Thomas Mann sind Zeitgenossen. Sie standen in keiner direkten Verbindung, aber solche Konstellationen scheinen zu existieren, fast magnetische, elektromagnetische Momente der Konzentration schöpferischer Kräfte, und dann wieder glanzlose mittelmäßige Perioden – wie etwa die Poesie zu Beginn des achtzehnten Jahrhunderts in Frankreich. Dieses Phänomen lässt sich nicht so einfach erklären. So ist zum Beispiel die komplexe Bewegung des Impressionismus kaum zu verstehen – plötzlich ein Dutzend Titanen, und danach eine Erschöpfung. Möglicherweise gibt es in der Schöpfung einen physischen Effekt der Implosion, bei dem die Kräfte sich konzentrieren. Statt zu explodieren implodieren sie, streben einem verborgenen Zentrum zu. Wir wissen es nicht.

Man ganzes Leben lang habe ich vermieden, den Film zu verstehen, zu untersuchen; das war ein schwerer Fehler, denn ganz offensichtlich gäbe es ohne das Kino die Hochkultur des zwanzigsten Jahrhunderts nicht. Ganz gewiss haben sich die »shakespeareschen« Energien der menschlichen Vorstellungskraft in keiner anderen Kunstform so wie im Kino konzentriert.

Und warum? Warum haben Sie sich nicht für das Kino interessiert? Sie haben ein großes Interesse an der Geschichte der Malerei, und dies schon seit langem.

Ja, ein sehr großes Interesse. Ebenso an der Musik, am Theater. Warum nicht am Kino? Meine Antwort darauf wird wieder eine Provokation sein. Schauen Sie sich einen großen Film an: *Eine Landpartie* von Renoir, *Kinder des Olymp*, *Der Schatz der Sierra Madre* – Sie sehen ihn zwei-, dreimal (ich habe diese Erfahrung gemacht, es war wunderbar), aber beim vierten Mal ist der Film tot. Absolut tot. Ein Theaterstück schaue ich mir fünfmal, zehnmal an: Jedes Mal scheint es wie neu. Ich warte immer noch darauf, dass mir jemand erklärt, warum der beste Film der Welt nach vier- oder fünfmaligem Betrachten stirbt. Vielleicht ist der Film eine seinem Wesen nach flüchtige Form.

In Harvard konnte ich folgendes ergötzliches Phänomen erleben: Eine Zeitlang versammelten sich die Jugendlichen in einem Kinosaal, um wieder und wieder *Casablanca* zu sehen. Fünf bis zehn Minuten vor Ende des Films schaltete man den Ton aus, und die Zuschauer standen auf, um die Dialoge auswendig zu rezitieren – einschließlich des berühmten *Round up the usual suspects.* Kinder, die sich weigerten, Shakespeare auswendig zu lernen. Wirklich ein interessantes Phänomen. Anscheinend geschieht dies heute nicht mehr. Man sieht nur einige Minuten eines Films auf dem iPad ... Es wäre sehr traurig, wenn das Kino seine komplexe Magie verlöre ... Gerade haben wir Alain Resnais verloren. Wer wäre heute noch in der Lage, *Letztes Jahr in Marienbad* zu drehen? Oder *Hiroshima, mon amour*? Doch selbst diese wunderbaren Filme haben ihrer Form nach etwas Flüchtiges an sich.

Sprechen wir von dem, was uns allen zustößt. Selbst wenn wir uns manchmal davon abwenden und meistens nichts davon wissen wollen: Ich meine natürlich den Tod. Lassen Sie mich einen Ihrer geheimnisvollsten Sätze zitieren, in *Von realer Gegenwart* sagen Sie, glaube ich: »Wir (er)leben einen langen Samstag.« Was verstehen Sie darunter?

Ich habe das Schema Karfreitag – Ostersamstag – Ostersonntag aus dem Neuen Testament übernommen. Das heißt: Am Freitag der Tod Christi, Nacht sinkt auf die Erde herab, und der Vorhang im Tempel zerreißt; dann folgt die Ungewissheit, die – für die Gläubigen – jenseits allen Entsetzens gewesen sein muss: die Ungewissheit des Samstags, an dem nichts geschieht, sich nichts bewegt; und schließlich dann die Auferstehung am Sonntag. Dieses Schema ist von grenzenloser Suggestionskraft. Wir erleben die Katastrophe, die Folter, die Angst, und dann warten wir, und für viele endet dieser Samstag nie. Der Messias kommt nicht, und der Samstag dauert an.

Wie also diesen Samstag durchstehen? Für den messianischen Marxisten, den utopischen Sozialisten wird dieser Samstag ein Ende haben: Auf Erden wird ein Reich der Gerechtigkeit entstehen. Die extremen Linken haben es seit dem siebzehnten Jahrhundert immer wieder vorausgesagt: »Wir müssen nur ein wenig Geduld haben.« Die Juden glauben, dass der Messias wirklich und wahrhaftig kommen wird. Es wäre Gotteslästerung, wollte man mit Hilfe eines Kalenders den Zeitpunkt berechnen, aber der Messias wird kommen. Für den Positivisten, den Wissenschaftler, den Technologen könnte das Ende des Samstags etwa in einem Heilmittel gegen den Krebs bestehen. Für viele meiner Kollegen ist das zum Heiligen Gral geworden – dieses Bild ist hier von Bedeutung.

Ob sie das Heilmittel finden werden? Sie sind zuversichtlich. Nicht in zehn Jahren, nicht in zwanzig, vielleicht erst in hundert Jahren wird man all die Krankheiten, die wir unter dem Oberbegriff »Krebs« versammeln, heilen oder eindämmen können. Für wieder andere bestünde das Ende des Samstags darin, die Hungersnöte zu beenden, alle Kinder dieses Planeten mit Nahrung zu versorgen – technisch gesehen ist das längst möglich, was die Situation umso unerträglicher macht. Denn es handelt sich nicht um eine absolute Unmöglichkeit, sondern es fehlt der politische Wille.

Dieser Samstag des Unbekannten, der Erwartung ohne Garantien, ist der Samstag unserer Geschichte. Dieser Samstag enthält zugleich eine Mechanik der Verzweiflung – Christus, auf entsetzliche Weise getötet und begraben – und der Hoffnung. Verzweiflung und Hoffnung sind natürlich die beiden Seiten der Medaille der menschlichen Lage.

Wir haben große Schwierigkeiten damit, uns den Sonntag vorzustellen, außer (und das ist von großem Gewicht) im Bereich des Privatlebens. Wer Glück in der Liebe erlebt, kennt solche Sonntage, Momente der Epiphanie, Momente absoluter Verklärung. Auch politische Augenblicke gehören dazu, wie etwa in jener Mainacht im Jahr 68, als die arabischen Studenten auf der Place de la Bastille Daniel Cohn-Bendit zuriefen: »Wir sind alle deutsche Juden.« Das war einer jener Momente der Epiphanie, des Sonntags, der alles hätte ändern können. Offensichtlich ist das nicht geschehen. Aber das bedeutet nicht, dass jener Moment es nicht wert war, gelebt zu werden. Ein anderes Beispiel: Anscheinend ist man heute einem echten Heilmittel für Leukämie sehr nahegekommen. Kinder, die an Leukämie erkranken, wird man retten können.

»Ohne die Hoffnung auf einen Sonntag wäre vielleicht Selbstmord die einzige Lösung.«

Ohne die Hoffnung auf einen Sonntag wäre vielleicht Selbstmord die einzige Lösung. Und ihm wohnt eine eigene bedeutsame Logik inne. Manche Männer und Frauen haben den Selbstmord gewählt anstelle der Korruption, des Verrats ihrer Träume, ihrer politischen Utopien. Große Künstler und Denker haben es, wie wir wissen, vorgezogen, ein Leben, das sie als besudelt, unrein, korrumpiert ansahen, zu verlassen. In Algerien steckte man junge französische Offiziere in einen Raum zusammen mit einem arabischen Gefangenen, der gefoltert werden sollte, und sagte ihnen:

»Wenn ihr ihn nicht anfasst, geschieht euch nichts. Man wird euch keine Vorwürfe machen. Die Entscheidung liegt bei euch. Nur wissen wir, dass es Bomben gibt im Dorf. Wenn sie explodieren, werden sie nicht nur eure Kameraden töten, sondern auch die Einwohner des Ortes. Aber ihr trefft die Entscheidung ...« Einige wenige Offiziere – das Thema ist nach wie vor tabu, aber es gibt Beweise – haben sich das Leben genommen. Ich hoffe, ich hätte den Mut dazu gehabt, weil der Selbstmord die einzige annehmbare Möglichkeit war, in jenem Augenblick »menschlich« zu bleiben.

Wer den Selbstmord wählt, sagt: »Es wird keinen Sonntag geben. Nicht für uns, nicht für unsere Gesellschaft.« Zum Glück denken nicht viele Menschen so. Umgekehrt sorgt das vom marxistischen Philosophen Ernst Bloch so genannte »Prinzip Hoffnung« für die Dynamik der Fortdauer des Lebens. Viele Menschen müssen morgens viel Mut aufbringen, um aufzustehen. Was mich betrifft – das ist ein meinem Alter geschuldetes banales und natürliches Phänomen –, so zögere ich manchmal, das Radio einzuschalten, um die Nachrichten zu hören, weil sie oft physisch, moralisch, geistig unerträglich sind. Aber man muss weitermachen; wir sind Gäste des Lebens, um weiterhin zu kämpfen, um die Dinge ein ganz klein wenig zu verbessern. Das Leben besser machen. Wird der Mensch einen Sonntag erleben? Man kann es bezweifeln.

EPILOG
STERBEN LERNEN

Bevor wir sterben, empfinden wir Menschen oft Bedauern, der Dinge wegen, die wir nicht haben machen können. Sie bedauern, habe ich von Ihnen erfahren, nicht mehr Sprachen zu beherrschen, und dass Sie den Mut nicht mehr aufbringen, neue zu lernen. Beim Lesen Ihrer Texte hat mich verblüfft, dass Sie bedauern, kein LSD genommen zu haben.

»Erfahrungen, von denen man,
wie es scheint, ohne
Gepäck zurückkommt.«

Ja. Ich hatte Studenten, die es nahmen und mir sagten, dass es als Erfahrung unbeschreiblich sei. Ich bat sie, mir davon zu erzählen, aber das schien unmöglich: Alles, was ich zu hören bekam, war weit weniger interessant, schön, existenziell als die erlebte Realität. Erfahrungen, von denen man, wie es scheint, ohne Gepäck zurückkommt. Baudelaire, Rimbaud, Poe haben nach Genuss von Opium oder Kokain ein gewisses Gepäck mitgebracht; leicht, aber wichtig. Bei jenen Kindern ist es anders. Vielleicht hätte ich mich dieser Erfahrung aussetzen sollen, aber mir fehlte der Mut.

Wir kennen die Orte, an denen Sie sich erholen, wo Sie leben möchten: der Süden Frankreichs, der zentrale Platz von Marrakesch, jener kleine Tempel in Segesta, die Dächer Jerusalems am frühen Morgen ... Bedauern Sie es, bestimmte Orte nicht gesehen zu haben, von deren Besichtigung Sie träumen?

Ja, ich habe da eine kleine Liste von *desiderata*, die ich nie aufsuchen werde. Zurzeit sehe ich keine Möglichkeit, nach Petra zu fahren, was in meinem Alter zwar schwierig, aber noch möglich ist. Ich habe eine kleine Liste nicht verwirklichter Träume. Ich hätte den roten Berg, den Ayers Rock, in Australien sehen wollen. Man hat mich ein Dutzend Mal eingeladen. Aber bis dorthin sind es dreiundzwanzig Flugstunden, auch dafür fehlt mir der Mut. Daher trägt meine Autobiographie auch den Titel *Errata*. Eine Serie von Irrtümern oder zumindest von Versagen.

Vor allem jenes, das Risiko der Schöpfung nicht eingegangen zu sein. Als Kind habe ich viel gezeichnet, gemalt. Ich habe Verse veröffentlicht; sie sind, glaube ich, sehr schlecht. Aber ich habe sie veröffentlicht, und sie fanden ihre Leser. Und dann, ab einem bestimmten Zeitpunkt, wurde die Lehre für mich zum Ziel, fast zur einzigen Berufung.

Ich möchte ein viel trivialeres Beispiel anführen, das die Sache aber ausgezeichnet illustriert. In meinen ersten fünf oder sechs Wochen an der Universität von Chicago – ich war furchtbar jung – ergreift das heilige Gift des Schachspiels von mir Besitz, und ich spiele achtzehn Stunden am Tag mit echten Spielern, sehr beschlagenen Spielern. Chicago gehörte zu den wichtigsten Schachzentren der Welt. Ist man seriös, trinkt man eine Tasse Kaffee und nimmt die Partie wieder auf, man studiert die Theorie des Schachspiels, beugt sich über dessen Geschichte: Es gibt nichts anderes mehr. Ein echter, ein seriöser Spieler zu werden, lag damals vielleicht im Bereich meiner Möglichkeiten. Aber angesichts dieses Schwindels schreckte ich zurück. Mir fehlte der Mut, die Verrücktheit zu begehen, mein Leben diesem Spiel zu widmen … Denn letztlich ist Schach nur ein Spiel, aber was für ein Spiel! Seitdem spiele ich, aber schlecht, also als blutiger Amateur.

Im Verlauf dieser Erfahrung von wenigen Wochen habe ich den Abgrund erahnt, das, was Henry James *the real thing* nennt: Man gibt sich vollkommen hin, riskiert Leben, Tod, Entehrung, Schulden – all das spielt keine Rolle mehr, weil man das Absolute leben will. Wie der Alpinist, der über seine Kräfte hinausgeht, oder der Tiefseetaucher. Sie geben sich hin, um den Rausch des Absoluten kennenzulernen, wo nichts anderes mehr zählt, wo all die kleinen bürgerlichen Tugenden nicht mehr existieren. Den Mut zu diesem äußersten Risiko habe ich nicht aufgebracht.

Mir fällt noch etwas ein, das ich bedauere. Das wurde mir in England bewusst, als ich mit Menschen Umgang hatte, die große Schlachten durchlebt hatten. Abends in meinem College, nach einem dritten Glas Porto, wenn die berüchtigte englische Zurückhaltung erste Risse bekam, bekannten sie bisweilen: »Wie glücklich waren wir in der Schlacht! Wie glücklich. Nichts im Leben ist vergleichbar mit dem Orgasmus der Schlacht.« Das waren hochzivilisierte Menschen, Professoren, Denker, die in einem Augenblick des Freimuts sagten: »Wie langweilig doch das Leben ist seitdem!« Zuerst einmal waren sie während des Krieges weit entfernt von ihren Frauen, für sie ein unerhörtes Glück. Von der Gattin räumlich getrennt zu sein, ist für den Engländer Bedingung des Glücks. Und dann war da diese homoerotische Kameraderie, die nicht homosexuell ausgelebt wurde, ein männlicher Eros, jene Zuneigung zwischen Männern, die den Schlüssel zum englischen College, zur englischen Elite darstellt. Heute sieht man in London jugendliche, mit Messern bewaffnete Gangs, die Lage ist sehr bedrohlich. Steckte man sie in ein Kommando, hätte man in fünf bis sechs Wochen ausgezeichnete Soldaten. Es ist fast dasselbe: Die kriminellen Gangs und die Fallschirmjäger sind sich sehr ähnlich. Für Alexis Philonenko war die algerische Erfahrung entscheidend, für Alain ebenso, Descartes hat die Schlacht gekannt, schon Homer hat uns vom Rausch der Schlacht berichtet. Ich habe niemals solche Momente erlebt und weiß daher nicht, wie ich mich verhalten hätte. Sie wissen es. Zu ihrem Wohl oder Übel. *He had a good war*, sagt man im Englischen; das ist unübersetzbar. Péguy wusste es; ich glaube, Montherlant wusste auch, wie es ist, einem Gegner Auge in Auge gegenüberzustehen. Und wenn ich meinen Kollegen zuhöre, dann ist die Erinnerung an ihr Glück reell, kein Bluff. In jedem Fall lebte man dort Tag und Nacht zusammen, machte sich zum Schluss nichts mehr vor, erzählte keine Geschichten, weder einem Analytiker noch einem Therapeuten oder Journalisten. Sich nichts vorzumachen, sich zu sagen: »Die Bilanz fällt so und so aus, sie ist weit entfernt von dem, wie sie hätte ausfallen sollen. Gut, gut … Aber man hat es versucht, man hat sein Bestes gegeben.« – Das ist alles, was wir tun können. Und uns immer vor Augen zu halten, dass es sich bei den ganz Großen anders verhält.

Warum lieben viele meiner Universitätskollegen mich nicht wirklich? Warum stand ich mein ganzes Leben lang ein wenig im Abseits? Weil ich seit meinem ersten Werk, *Tolstoj oder Dostojewskij*, behauptet habe, dass die Entfernung zwischen dem, der schöpferisch tätig ist, und dem, der kommentiert oder interpretiert, Lichtjahre beträgt. Davon bin ich absolut überzeugt. Natürlich gibt es große Analysen, die der Schöpfung nahekommen: Prousts *Gegen Sainte-Beuve*, T.S. Eliots Essays, Mandelstam über Dante. Schöpferische Titanen, die auch als Kommentatoren und

Kritiker in die erste Reihe gehören. Das kommt nur selten vor, aber es kommt vor. Welcher Kunstkritiker wäre größer als Baudelaire? Aber hätte er nur *Die Blumen des Bösen* geschrieben, wäre das schon mehr als genug gewesen. Und dieser Unterschied macht mich am Ende meines Lebens sehr traurig, weil ich gewisse Wagnisse hätte eingehen sollen.

Wenn ich bin, was ich bin, dann deshalb, weil ich kein Schöpfer war. Das erfüllt mich mit tiefer Trauer. Gern würde ich sagen, dass sich da eine biographisch bedingte Seite zeigt, die große jüdische Tradition, auf die ich mich so oft berufe. Mein Vater war überzeugt, dass etwas zu schaffen zwar gut sei, aber auch verdächtig. Lehrer zu sein ist der höchste Auftrag. Das Wort *rabbonim* (Rabbi) hat im Übrigen die Bedeutung Lehrer. Ein absolut weltlicher Begriff, der nichts Heiliges an sich hat. Ein *rabbonim* sein.

»Ich habe mein ganzes Leben lang versucht, ein guter Briefträger zu sein, Briefe abzuholen und in die richtigen Kästen zu werfen.«

In sehr jungem Alter habe ich, wie schon erwähnt, einige Gedichtbände veröffentlicht, und eines Morgens sah ich bei erneuter Lektüre, dass es sich um Verse handelte. Der Todfeind der Poesie ist der Vers. Also, niemals wieder. Ich habe Prosa veröffentlicht, wie etwa *The Portage to San Cristóbal of A. H.* von 1981, aber die Fiktion basiert auf Ideen, es sind Debatten, wenn Sie so wollen, Gedankendialoge in Form von Fiktionen oder Erzählungen. Trotzdem ist *The Portage to San Cristóbal of A. H.* mehr als eine Ideendebatte; es ist ein Werk über Macht, eine Meditation über äußerste Macht und das Hitlertum.

Mir fehlt gänzlich die Unschuld, die Einfalt des großen Schöpfers. Henry Moore kam von Zeit zu Zeit in unser College, um mit uns zu speisen. Wenn er den Mund aufmachte, um über Politik zu sprechen, zeugten seine Aussagen von erschreckender Naivität. Betrachtete man dann die auf dem Tisch ruhenden Hände dieses Mannes, das Leben dieser Hände, sagte man sich: »Was er da erzählt, ist doch völlig unwichtig! Seht seine Hände an und was er damit machen kann.« Das Mysterium der Unschuld großer Schöpfer ist tiefgründig; der *outsider* – somit wir alle – versteht es nur unvollkommen.

Worin besteht also meine Aufgabe? Sie besteht darin, Briefträger zu sein, wie in dem wundervollen Film *Il Postino*. Darin geht es um Neruda und den kleinen Monsieur, der Neruda die Briefe bringt und der langsam versteht, was es bedeutet, Neruda zu sein. Ich habe mein ganzes Leben lang versucht, ein guter Briefträger zu sein, Briefe abzuholen und in die richtigen Kästen zu werfen. Die richtigen Adressaten zu finden, um von einem Werk zu sprechen, um ein neues Werk einzuführen, ist nicht immer einfach. Man kann sich furchtbar irren, aber es ist eine wichtige und faszinierende Aufgabe. Ich schätze mich glücklich, dass ich ein *postino* für die ganz Großen habe sein können. Aber man darf die beiden Aufgaben niemals verwechseln. Puschkin, der ein Aristokrat war – man vergisst manchmal, dass die russischen Prinzen nicht sind wie wir –, beliebte zu sagen: »Meinen Verlegern, Übersetzern und Kritikern sage ich von Herzen Dank, aber ich bin es, der die Buchstaben schreibt.« Ja, das sagt alles.

Wenn ich in meinem Leben eines enorm bedaure, dann dass ich nicht den Versuch unternommen habe, einige schlechte Bücher zu schreiben, mein Glück nicht mit Romanen oder im Theater versucht zu haben – das für mich als jungen Mann großes Gewicht hatte. Ich habe dieses Risiko nicht eingehen wollen, weil das Privileg, Briefe auszuliefern und in Kästen zu werfen, mir mehr als genügte. Zwei- oder dreimal in meinem Leben habe ich das unerhörte Glück gehabt, sehr bedeutenden Menschen den Weg zu bahnen. Ich erinnere mich an den sehr höflichen Telefonanruf eines Redakteurs der Literaturbeilage der *Times*: »Sie haben uns einen Artikel zu einem Herrn (er buchstabiert) C-E-L-A-N geschickt. Ist das ein Pseudonym? Wer ist der Mann?« Mein Artikel war der erste in englischer Sprache über Celan. Und noch mehrmals habe ich bedeutende Dichter und Schriftsteller, die noch am Anfang ihrer Karriere standen, vorgestellt.

»Zwei- oder dreimal in meinem Leben habe ich das unerhörte Glück gehabt, sehr bedeutenden Menschen den Weg zu bahnen.«

Sie sagen, dass es Ihnen nicht gelungen ist, ein Schöpfer zu sein. Sie sind jedoch Autor fiktionaler Werke, und selbst wenn Sie theoretische Werke verfassen, ist das doch auch ein schöpferischer Akt. Sie haben eben *The Portage to San Cristóbal of A.H.* erwähnt, das den Aufstieg Hitlers in Szene setzte. Ich würde gern auf einen wenig bekannten Text aus Ihrem Werk zu sprechen kommen, der den Titel *Unter Druck* trägt. Ein Schlüsseltext, wenn man Sie besser verstehen will. Es ist die Geschichte eines

Korrektors, der nach und nach erblindet. Er verliert also die Schriftzeichen, die Welt vor seinen Augen löst sich allmählich auf; aber in diesem Text geht es auch um den Zerfall der gesamten Welt.

Dieser Text hat nur in Italien ein Echo gefunden, weil das Vorbild Sebastiano Timpanaro ist, ein bedeutender italienischer Marxist, der jeglichen Kompromiss mit der journalistischen oder akademischen Welt verweigerte und seinen Lebensunterhalt mit der nächtlichen Korrektur von Druckfahnen verdiente; dabei hat er in der Tat sein Augenlicht partiell verloren. In Italien hat das Buch eine Debatte hervorgerufen, ein Für und Wider, in anderen Ländern jedoch nicht. Das war für mich auch, wenn Sie so wollen, ein Versuch, die enorme psychologische Kraft des Marxismus, den Hunger nach Gerechtigkeit gewisser Menschen zu verstehen. Die Niederlage des Marxismus ist auch eine große menschliche Niederlage. Der Marxismus ist ein zutiefst jüdischer Messianismus: Er entstammt dem Buch Amos und dem Buch der Propheten. In den sogenannten *Pariser Manuskripten* von 1844 schreibt Marx: »Der Tag wird kommen, an dem man nicht mehr Geld gegen Geld, sondern Liebe gegen Liebe und Gerechtigkeit gegen Gerechtigkeit tauschen wird.« Das ist das große messianische Programm.

Wir wissen, was der Gulag ist; das braucht man mir nicht zu verdeutlichen. Vielleicht war er unvermeidlich, weil der Mensch zu habgierig, zu selbstbezogen, zu engherzig ist, um das Marx'che Ideal leben zu können – das ein Ideal reinen Altruismus darstellte. Ich habe das Glück, in Cambridge ein sehr schönes Haus zu bewohnen. Meine Kinder haben es verlassen – sie sind inzwischen erwachsen; es bestünde die Möglichkeit, wohnungslosen Menschen Unterkunft zu gewähren. Das weiß ich und tue nichts. Der Marxismus hätte zu mir gesagt: »Wir pfeifen auf deine Wahl. Zwei

Zimmer werden requiriert, notfalls zwingen wir dich.« Das würde einige moralische Probleme lösen. Unter gewissen Blickwinkeln wäre das besser, unter anderen aber nicht, das ist mir bewusst.

Man muss sich stets fragen, wie hoch ist der Preis, wer sind die Opfer eines enormen Fortschritts. Die Niederlage des Marxismus hat eine große Hoffnung zerstört, die im Übrigen auch in den Kibbuzim in Israel und in gewissen sozialistischen Kollektiven gelebt wurde. Seit dreißig Jahren beschwört man »das Ende des wilden Kapitalismus«, »das Ende des großen Luxus«, aber sie bestehen weiterhin: Man entlässt zehntausend Personen und geht mit einem Bonus von fünf Millionen, nachdem man das Unternehmen oder die Bank, die man leitete, ruiniert hat. Ist das vielleicht das Ideal der menschlichen Freiheit? Das frage ich mich.

In meinem kleinen Roman habe ich versucht zu zeigen, was mit einem Menschen geschieht, der sein Augenlicht verliert und dabei seine marxistische Hoffnung bewahrt. Und am Schluss greife ich ein bekanntes Balzac-Zitat auf (Balzac war ein entschiedener Atheist) – allein, auf sich gestellt, spricht meine Figur zu Gott: »Jetzt zu uns beiden!« Da bereitet sich die letzte große Schlacht vor: die Schlacht zwischen dem unabhängigen, rationalen Atheisten und dem religiösen Glauben.

Wenn man *Die Logokraten* liest, erhält man den Eindruck, dass Sie sich die Hände reiben in Erwartung dieser endgültigen Begegnung und sich sagen: »Diese letzte Begegnung wird sehr interessant werden.«

Ich reibe mir nicht die Hände, und ich bin zweifellos ein ebenso großer Angsthase angesichts des Todes wie jeder andere auch. Ich bin das Gegenteil eines Helden, der Antiheld par excellence. Beim Zahnarzt möchte ich auf die

Knie gehen und gen Mekka pilgern, innerlich heule ich vor Furcht.

Ich glaube fest an die Euthanasie, an das Recht, dieses Leben zu verlassen, wenn ich zu einer Belastung, einer Unannehmlichkeit für andere und für mich selbst werde. Daran glaube ich zutiefst. Wir sind im Übrigen dabei, unsere Sitten und Gesetze in Bezug auf diesen kapitalen Punkt zu ändern. Ich hoffe, dass mein letzter Gedanke sein wird: »Sieh mal einer an! Das ist ja ungemein interessant, was sich da abspielt«, und hoffe zweitens, dass mein letztes Bedauern den verpassten Abendnachrichten gilt …

»Ich bin zweifellos ein ebenso großer Angsthase angesichts des Todes wie jeder andere auch.«

In einem kürzlich erschienenen Werk, *Fragments (somewhat charred)*[11], gehen Sie das Problem der Euthanasie ja frontal an.

Ich bin hundertprozentig dafür. Dass man Menschen, die Tag für Tag mit dem Tode ringen und eine Belastung für die anderen sind, am Leben erhält, macht mich zornig. Alte Menschen, die an Alzheimer leiden, pflegen zu müssen, stellt eine Last dar, die ganze Familien zerstört und manche wie eine Bleiweste zu Boden zieht. Das erfüllt mich mit flammendem Zorn. Menschen, die vom Leben nichts mehr

11 Fragmente (leicht angesengt) – noch nicht auf Deutsch erschienen.

haben als den Schmerz. Aber das wird kommen. Nicht nur in Holland, auch in England und anderen Ländern setzt sich die Euthanasie – oder Sterbehilfe, wie sie auch genannt wird – langsam durch. Dass man Menschen gegen ihren Willen am Leben erhält, Menschen, denen als einzige Hoffnung verbleibt, ebendieses Leben hinter sich zu lassen, ist unfassbar. Ein schrecklicher Sadismus. Was dieses Problem und auch die Abtreibung angeht, ist die christliche Haltung meiner Ansicht nach grauenvoll und unhaltbar; das sage ich völlig gelassen und in aller Öffentlichkeit.

Wie erleben Sie das Älterwerden?

Ich möchte den anderen nicht auf die Nerven gehen, wenn ich langsam verschwinde, will ihnen keine ökonomischen, sozialen, menschlichen Probleme bereiten. Ich kenne schon den Ort … an den ich gehen möchte; ich habe ihn einigen engen Freunden mitgeteilt. Meine Asche soll dort zerstreut werden. Und ich möchte schlafen; inzwischen wird mir immer bewusster, welch großes Privileg der Schlaf ist. »Laissez-moi m'endormir du sommeil de la terre.«[12] Ein wunderbarer Vers; Vigny ist ein viel zu selten gelesener Dichter. Wie schade! Wie wenig man doch die Dichter liest! Fragen Sie die brillantesten jungen Menschen in Frankreich: »Haben Sie Vigny gelesen?« Ich glaube, da werden Sie kein starkes Echo finden.

Und Sie halten es nicht für wahrscheinlich, dass Sie doch noch eines Tages an einen Gott glauben werden?

Woran?

12 »Lasst mich einschlafen im Schlaf der Erde.«

An einen Gott?

Nein, das halte ich für unwahrscheinlich. Ich habe nur eine Hoffnung: dass man mich gehen lässt, wenn der Zeitpunkt gekommen ist. Ich habe enormes Glück gehabt, ich habe in den schönsten Städten, den faszinierendsten Milieus gelebt. Ich habe wunderbare Schüler gehabt. Meine Ehe, und Dinge außerhalb meiner Ehe – die für mich wesentlich sind. Nein, ich habe wirklich großes Glück gehabt. Wenn man an die Leiden bei langwierigen Krankheiten denkt, bedenkt, was ein Bauchspeicheldrüsenkrebs und die damit einhergehende Behandlung bedeutet … Ich bin dem Schicksal ewig dankbar. Ich hoffe, es wird schnell gehen, verbunden mit einer gewissen Eleganz; auf Deutsch sagt man: »Macht schnell!« Das ist eine gute Devise.

Kann man lernen zu leben?

Nein, man kann lernen zu sterben. Was das Leben betrifft, so erteilt es einem jeden Morgen neue, unvorhersehbare Lektionen. Und man irrt sich immer wieder! Wie wundervoll ist es doch, sich irren zu können – und sich zu sagen: »Ich habe mich getäuscht!« Und dann beginnt das nächste Kapitel. Niemals Furcht vor einem Irrtum zu haben, das ist ein Privileg, ist die Freiheit selbst.

Wie aber lässt sich unser eigenes Ende denken? Mit Hilfe der Philosophie? Der Selbsterkenntnis?

Nein, mit Hilfe des gesunden Menschenverstands. Den Menschen nahe sein, die man unendlich liebt, sich sagen, das Zusammensein war wunderbar. Aber nun ist es genug. Basta!

Aber wir sind es doch nicht, die das entscheiden.

Doch, davon bin ich überzeugt. Ich glaube, wir bereiten uns auf den Tod vor. Ich spreche hier nicht von einem Verkehrsunfall. Ich glaube, dass wir in unseren Tod einwilligen, dass der Moment kommt, in dem wir bereit sind. Der Horror des Alzheimers besteht darin, nicht mehr Herr seines Schicksals zu sein.

»Jeden Morgen nehme ich ein Buch aus dem Regal und übersetze, was immer es auch sei, in meine Sprachen.«

Eine Art, das Alter zu leben, besteht darin, weiterhin Studien zu treiben.

Und sogar darin, weiterhin etwas zu schaffen. Aber die Personen, die man liebt, vor sich zu haben und ihre Namen nicht zu wissen … Nein.

Mir graut vor Alzheimer, davor, mein Gedächtnis zu verlieren. Jeden Morgen nehme ich ein Buch aus dem Regal und übersetze, was immer es auch sei, in meine Sprachen, das ist meine tägliche Übersetzungsübung. Damit der Muskel nicht erschlafft, mache ich Gedächtnisübungen, rezitiere den Kalender der Französischen Revolution … Dummheiten, wenn Sie so wollen, um sicherzugehen, dass die Symptome des Vergessens noch nicht eingetreten sind. Ich habe schwarze Löcher, wie jeder in meinem Alter, doch glücklicherweise sind sie selten, und gewöhnlich vergesse ich willentlich. Also das geht noch. Wird es so bleiben? Ich weiß es nicht.

Sie sagen, Sie würden selbst Ihre Familie verraten, wenn man Ihrem Hund ein Leid antäte?

Letztendlich ist es ein ungeheures Glück, in meinem Alter noch am Leben zu sein. Ich habe zu viele Zeitgenossen in jungen Jahren verloren, um nicht zu wissen, dass da auch ein Mysterium, eine Lotterie im Spiel ist; man kann gute und schlechte Nummern ziehen. Nachdem ich also meine vier morgendlichen Texte übersetzt habe, versuche ich mich zu bedanken. Einfach so. Und da ist mein Hund von großer Bedeutung. Ich erläutere ihm den Text, den ich übersetzt habe; er und ich, wir gehen spazieren, sprechen miteinander … Um wieder ernsthaft zu werden: Wer Tiere quält, den würde ich am liebsten umbringen. Das sage ich in aller Ruhe. Tierquälerei erfüllt mich mit Entsetzen! Und unsere Zivilisation tut dies in gigantischem Maßstab. In den Augen eines Tieres, das Sie liebt und das Sie lieben, liegt ein Verständnis des Todes, das uns fehlt. In den Augen meines Hundes gibt es etwas, das er sehr gut versteht; vielleicht ein Verständnis dessen, was mit mir geschehen wird.

Wenn ich nach Hause komme, erwartet er mich an der Tür. Warum? Woher weiß er, dass ich komme? Wahrscheinlich – um so extrem positivistisch wie August Comte zu sein – weil von mir ein erwartungsvoller Geruch ausgeht. Wie Sie vielleicht wissen, haben Hunde ein Geruchsvokabular, sie nehmen zehntausend Gerüche wahr, die uns entgehen. Und wenn ich meinen kleinen Reisekoffer packe, legt mein Hund sich unter den Tisch und sieht mich mit unbeschreiblich vorwurfsvollem Blick an. Mit einem Tier zusammenzuleben, ist wunderschön. Diese Formen von Telepathie sind wirklich interessant. Und ich weiß, dass man auch die menschlichen Wesen sehr lieben müsste. Aber das fällt mir manchmal sehr schwer.

LEBEN UND WERK

1929	Francis George Steiner wird als Sohn österreichischer Juden in Paris geboren. Seine Familie war fünf Jahre zuvor vor den Nazis nach Frankreich geflohen. Steiner wächst dreisprachig auf, lernt Deutsch, Englisch und Französisch. Besuch des Pariser Lycée Janson de Sailly
1940	Familie Steiner flieht vor den Nazis nach New York. Besuch des Lycée Français de New York
1944	Steiner erhält die US-amerikanische Staatsbürgerschaft.
1944–52	Studium der Literatur, Mathematik und Physik in Chicago sowie Harvard Besuch des Balliol College der University of Oxford
1952–56	Redakteur bei der Zeitschrift *The Economist* in London
1955	Steiner heiratet die britische Historikerin Zara Shakow. Promotion an der University of Oxford
1956–60	Steiner besucht das Institute for Advanced Study der Princeton University und hält dort von 1959 bis 1960 erste Vorlesungen. In diese

Zeit fällt auch seine Fulbright-Professur an der Universität Innsbruck.

1958 Geburt des Sohnes David Milton

1959 *Tolstoy or Dostoevsky. An Essay in Contrast* (*Tolstoj oder Dostojewskij. Analyse des abendländischen Romans*, 1964)

1960 Geburt der Tochter Deborah Tarn

1961 *The Death of Tragedy* (*Der Tod der Tragödie. Ein kritischer Essay*, 1962), entstanden aus Steiners Doktorarbeit

1961–74 Steiner lehrt zunächst als Founding Fellow und ab 1969 als Extraordinary Fellow am Churchill College in Cambridge.

1964 *Anno Domini. Three Stories*, Erzählungen

1967 *Language and Silence. Essays on Language, Literature, and the Inhuman* (*Sprache und Schweigen. Essays über Sprache, Literatur und das Unmenschliche*, 1969)

1971 *In Bluebeard's Castle. Some Notes Towards the Redefinition of Culture* (*In Blaubarts Burg. Anmerkungen zur Neudefinition der Kultur*, 1972)
Extraterritorial. Papers on Literature and the Language Revolution, Essays

1973 *The Sporting Scene. White Knights of Reykjavik*

1974–94 Professur für Englische Literatur und Vergleichende Literaturwissenschaft an der Universität Genf
Remembrance Award für *Sprache und Schweigen*

1975 *After Babel. Aspects of Language and Translation* (*Nach Babel. Aspekte der Sprache und des Übersetzens*, 1981)

1978 *Martin Heidegger* (*Martin Heidegger. Eine Einführung*, 1989)

1981 *The Portage to San Cristóbal of A. H.*, Novelle

1984 *Antigones* (*Die Antigonen. Geschichte und Gegenwart eines Mythos*, 1988)
Steiner wird zum Chevalier de la Légion d'Honneur ernannt.

1989 *Real Presences. Is there anything in what we say?* (*Von realer Gegenwart. Hat unser Sprechen Inhalt?*, 1990)
Honorary Membership der American Academy of Arts and Sciences

1992 *Proofs and Three Parables*, Erzählungen

1992/93 PEN/Macmillan Silver Pen Award sowie PEN/Macmillan Fiction Prize für *Proofs and Three Parables*

1994–95 Nach seiner Emeritierung an der Universität Genf wird Steiner Ehrenmitglied am Baliol College in Oxford und übernimmt den Lord-Weidenfeld-Lehrstuhl für Komparatistik am St Anne's College der University of Oxford.

1996 *No Passion Spent. Essays 1978–1996* (*Der Garten des Archimedes. Essays*, 1997)
The Deeps of the Sea and other fiction, Erzählungen

1997	Jewish Quarterly Wingate Prize für *No Passion Spent*
1999	*Errata. An Examined Life* (*Errata. Bilanz eines Lebens*)
2001	*Grammars of Creation* (*Grammatik der Schöpfung*)
2001–02	Professor of Poetry in Harvard
2003	*Lessons of the Masters* (*Der Meister und seine Schüler*, 2004) Ludwig-Börne-Preis der Ludwig-Börne-Stiftung
2005	*Dix raisons (possibles) à la tristesse de pensée* (*Warum Denken traurig macht. Zehn (mögliche) Gründe*, 2006), Essay
2007	*My Unwritten Books* (*Meine ungeschriebenen Bücher*)
2008	*Les Logocrates* (*Die Logokraten*, 2009), Essays und Gespräche *À cinq heures de l'après-midi*, Erzählungen
2009	*George Steiner at The New Yorker* (*Im Raum der Stille. Lektüren*, 2011)
2011	*The Poetry of Thought. From Hellenism to Celan* (*Gedanken dichten*), Essay

REGISTER